Democracia en alerta

Democracia en alerta

La política desde el sofá

Javier Aroca

Papel certificado por el Forest Stewardship Council®

MIXTO
Papel | Apoyando la silvicultura responsable
FSC® C117695

Penguin Random House Grupo Editorial

Primera edición: abril de 2025

Printed in Spain – Impreso en España

ISBN: 978-84-666-81605
Depósito legal: B-2.654-2025

Compuesto en Llibresimes, S. L.

Impreso en Liberdúplex
Sant Llorenç d'Hortons (Barcelona)

BS 8 1 6 0 5

A Pepa, mi madre

Índice

Prefacio

Lo leí por primera vez del poeta y pensador iranio Omar Jayam; así lo recuerdo: «la longitud de la vida se mide por los años; la latitud, por las pasiones». En las siguientes páginas, mi propia experiencia vital va discurriendo de manera pareja con mi visión de la democracia, con mi pasión. Mis vivencias, y también las experiencias ajenas, observadas gracias a los viajes y los libros; unos y otros te hacen desprenderte de tus prejuicios y aprender para no dejarte engañar, aunque solo fuere para no repetir los errores de los otros ni empeñarte en los tuyos. No faltan en estas páginas mis maestros, los que me enseñaron todo, a los que debo eterna gratitud. No se trata de una biografía, que no sería nada importante, ni historia, para la que no tengo credenciales, ni un catálogo de democracias posibles. He tenido la fortuna de ser testigo presencial y muy curioso de muchas cosas, y he vivido en una atalaya privilegiada, pero nunca me quedé en eso, sería un mero cronista o un viajero.

Lo que he visto, vivido y aprendido me ha servido para engrosar mi pasión por la democracia. En ese empeño he podido comprobar cómo en mi tiempo, que coincide con la andadura de la joven democracia española, se han reproducido los mismos peligros que se vienen repitiendo de manera machacona desde sus albores helenos, cuando surgieron en Grecia la democracia y simultáneamente sus enemigos. Siempre me refiero al régimen de 1977 y nunca al de 1978. No pretendo impugnar ni a los historiadores ni a los narradores de la Transición, pero sí dejar clara mi opinión de que todo empezó en enero de 1977, con aquella Ley para la Reforma Política que dejó a la Transición tan atada como el franquismo a su sucesión.

En nuestros días, en la batalla eterna contra la democracia se advierte una mayor sofisticación. Hay más y mejores caminos para alcanzarla, sin duda, pero en la medida en que avanzamos, también se movilizan sus enemigos, los herederos de aquellos aristócratas helenos. La resistencia es más sutil y, en ocasiones, procede de las entrañas e instituciones surgidas de este sistema político. La democracia es, no obstante, imparable, se puede obstaculizar, impedir, reducir, eliminar en periodos oscuros y tenebrosos, pero siempre vuelve. El hombre es un ser social y político y aspira siempre a la libertad.

Desde el origen, el propósito es prescindir del pueblo, en contra de la propia esencia de la democracia porque sin pueblo, el *demos*, la democracia, es solo una ficción defensiva y cosmética detentada por los poderosos y opulentos. Las estrategias son las antiguas pero adaptadas a las nuevas circunstancias y al avance científico de la humanidad. El objetivo, el ajuste fino o bruto, consiste en reducir, excluir, dividir. No pretendo ofrecer un listado de todos los peligros ni siquiera atreverme a establecer una clasificación, categoría o jerarquía entre ellos; sin embargo, lo fundamental sí está: la anulación del pensamiento crítico, el individualismo, la división, el fomento de la ignorancia, el achique y contaminación del espacio de debate público. El poder, el visible, pero sobre todo el profundo, más o menos oculto, y los serviles están en estado permanente de alerta y acecho, entre ellos, el capitalismo más soez, transnacional o doméstico, los gordos de todo sistema, la nobleza de Estado —una milicia activa para el mantenimiento invariable del *statu quo*—, la violencia simbólica o física ejercida contra los disidentes, la juristocracia —el poder no electo de los jueces que ignora la separación de poderes y pretende situarse por encima de los demás— que fue advertida por los clásicos y practicada en todos los rincones democráticos del planeta. Esa exclusión sistémica del pueblo, de su participación y responsabilidad crítica, se hace muy visible en una de las plagas de la democracia y la libertad: la guerra y el negocio armamentístico que la nutre y de la que ella se alimenta. La guerra es la negación y el fracaso de la democracia; dejarla al margen de todo control es uno de los ejemplos más sofisticados y cínicos de cómo molesta la democracia, y su ejercicio por el pueblo, para los negocios de la aristocracia del poder, de esa clase especial.

He empleado con profusión el verbo «jibarizar», incorporado a la lengua española procedente de la práctica amerindia de reducir cabezas. Ese es el propósito, jibarizar la democracia y las mentes. Se minimizan las instituciones, se aparta a sus verdaderos titulares, el pueblo, y se reducen también sus cabezas, su capacidad de pensar. La reducción del pensamiento crítico no es nueva, a lo largo del tiempo fue un objetivo del poder que hoy cuenta con nuevas herramientas y artefactos, entre ellos, los nuevos medios de comunicación de los que no disponían los aristócratas helenos ni las burguesías europeas, entonces revolucionarias; el más potente y penetrante, la televisión, se ha convertido en el principal artífice de ese cometido: te sienta en el sofá de tu casa, embobado, aturdido, dicen que entretenido, pero sobre todo privado de la capacidad de saber. Allí solo ves, estás aislado, víctima de la manipulación, incapaz de construir un pensamiento libre, formado y crítico.

La democracia es del pueblo, y estas páginas solo pretenden reivindicar su papel, advertir de los peligros —no de todos— y reclamar un hombre nuevo que elija libremente, cuya creatividad y saber encuentre nuevas formas de participar y fortalecer la democracia y que no olvide y sea consciente de sus responsabilidades como protagonista de su propia libertad.

Javier Aroca Alonso
Sevilla, otoño de 2024

1

A la democracia (en) directa

> El que lee mucho y anda mucho ve mucho
> y sabe mucho.
>
> Miguel de Cervantes,
> *Don Quijote de la Mancha*
> (Alonso Quijano)

Apenas tres semanas después de la muerte del dictador Francisco Franco, me expatrié a Estados Unidos. Era una de las salidas posibles; en aquellos días los jóvenes vivíamos sin perspectivas claras de ningún tipo, el paisaje y el futuro se vislumbraban sombríos. Éramos esa generación que, con razón, era conocida como la de los «hijos del agobio»; el aire era poco respirable.

Emigrar no era nada nuevo ni extraño en Andalucía, así llevábamos décadas. La emigración era conocida en cada casa, y no era raro encontrar una familia en la que varios de sus miembros hubieran decidido marcharse huyendo de la penuria económica, en busca de trabajo y oportunidades, pero también de una dictadura irrespirable que había reprimido a la gente sin piedad durante demasiado tiempo. De mi generación, muchos decidimos dejar una ciudad castigada, agotada y triste, hacia todas direcciones. De los que elegimos buscar fortuna en Estados Unidos, casi todos se quedaron, han prosperado, han creado familias y allí siguen. Pero no se trataba solo de la ilusión de un porvenir mejor, de tener esperanzas, un futuro; nos acompañaba el sueño de vivir una democracia que solo conocíamos de oídas. Teníamos tantas ansias de escapar de la incertidumbre como de vivir en libertad. Escapar, huir al mar, una idea intuida que ya de mayorcito conocí de la pluma de Jorge Luis Borges; «*run away to sea*», la ruptura, la iniciación heroica. Estaría en el ambiente, en el aire que se respiraba en el barrio, quizá era un hechizo. Mi paisano y vecino de nacimiento Manuel Chaves Nogales —aún hoy en Londres— narró esa pulsión, el viaje heroico del también paisano y vecino Juan

Belmonte; seguro que de chicos corrimos por las mismas calles.

Juan se fue caminando hasta Cádiz para embarcarse rumbo a África, donde quería hacer realidad sus sueños y aventuras; esa fue su odisea infantil. Junto a donde yo vivía con mis abuelos, pared con pared, había un corral de vecinos. La ventana de mi patinillo daba justo al patio del corral. A este daban los cuartos y en uno de ellos vivía mi amigo Enriquito. Me pasaba las horas en su patio porque Enriquito tenía un tesoro: tebeos de cowboys en inglés a todo color y mapas. No los entendíamos, pero daba igual; cabalgábamos juntos en aventuras imaginarias con indios, bisontes... supongo que apuntábamos a un cierto cosmopolitismo infantil. El origen de su tesoro estaba en su padre, Enrique —poco después Harry—, que trabajaba en la base americana de San Pablo, en Sevilla. Con el tiempo, Enrique, el barbero de la base, y su familia, incluido Enriquito, emigraron a Reno, en el estado de Nevada. Allí Harry siguió trabajando como barbero y mi amiguito acabó enrolado en la Navy. Todo se parecía: dos tíos míos estaban en Alemania y otro en Bilbao; la hija de mis vecinos de arriba llevaba un tiempo en Inglaterra. Algo se me pegaría porque, con todo ese bagaje de aires de barrio, de huidas, el agobio y un montón de ilusiones, un día de primeros de diciembre de 1975 llegó mi ruptura, mi huida al mar: un vuelo desde Madrid me llevó directamente de la dictadura moribunda del general Franco a la democracia estadounidense con la intención de hacer todo lo posible por quedarme.

No era la primera vez que me asomaba al exterior, pero en esta ocasión todo me empujaba a no regresar. El estado de ansiedad en el que vivíamos nos obligaba a salir corriendo, pero hubo una circunstancia que influyó muchísimo en mi decisión. En los últimos años del franquismo, con un régimen que ya abría algo la mano, vino a dar una charla al Instituto San Isidoro un profesor sevillano que se había exiliado a Estados Unidos —esas huidas no eran por un aire del barrio— mucho tiempo atrás. Allí había terminado de formarse y aún daba clases de sociología en una prestigiosa universidad californiana.

No recuerdo su nombre ni todo lo que nos contó, pero sí que sonaba bien, fresco; algo dijo ese profesor que se me quedó grabado y fue determinante para el resto de mi vida. En un auditorio repleto de estudiantes curiosos e inquietos, aquel visitante nos situó a bordo de aquellos trenes por entonces muy vetustos. En los vagones, en el marco bajo de las ventanillas (en aquellos años se podían abrir en guillotina), había remachada un chapita de metal con el siguiente tenor: PROHIBIDO ASOMARSE AL EXTERIOR. «No, no hagáis caso —nos conminó el profesor—, hay que asomarse al exterior». Aquello me marcó, siempre lo he tenido en cuenta; es vital, entonces y ahora, asomarse al exterior, a otras culturas, otras experiencias, mejor viajando, pero si no, a través de los libros.

Antes de tomar la decisión de viajar a Estados Unidos para no volver —de hecho, creía con cierta ingenuidad poder estudiar Derecho en aquel país—, había estado en Francia en el verano de 1974. En aquellos momentos no era fácil salir de una España que no auguraba nada bueno, todos éramos sospechosos de algo. Entré en Francia por Andorra sin apenas impedimento ni impedimenta. La primera impresión fue encontrarme de frente con una pintada enorme en un muro de blanco salino: ¡FRANCO, ASESINO! En el sur inmediato a la frontera sonaban muchos apellidos españoles, restos de naufragios de la vida, y una exclamación compartida cuando sabían de mi procedencia: «*Pouah*, Franco». En cualquier caso, Francia no era mi modelo, sin despreciar su fuerte cultura republicana ni dejar de reconocer lo que supuso la Revolución francesa, sus intelectuales de izquierdas y el Mayo de 1968.

Aunque solo fuera por haber respirado un poco de aire fresco, volver a entrar en España tras unos días en Francia resultaba frustrante, para olvidar, era otro mundo, todo parecía en blanco y negro. En la frontera de Valcarlos, Navarra, la policía, que siempre estaba enfadada, nos desnudó casi al completo y todos nuestros enseres acabaron en el suelo sin ningún miramiento; las revistas que había comprado o «distraído», casi todas de cocina, fueron inspeccionadas, hoja a hoja, quizá con ánimo de encontrar algo subversivo, una de las palabras más frecuentes del diccionario del tenebroso y temeroso régimen. Como siempre, había que explicarse, así que disimulamos, hicimos ver que éramos devotos peregrinos dispuestos a hacer el Camino de Santiago francés desde Roncesvalles. Pero, en realidad, en nuestro viaje no había ningún motivo religioso; la meta era llegar a Portugal. Así que acabé en Tuy después de una falsa pero alimenticia romería jacobea.

En la frontera gallega, un guardia civil algo mayor que yo y el mismo acento trató de convencerme de no cruzar a Portugal, con argumentos débiles sobre el tráfico endiablado en aquel país, la manera de conducir de los portugueses y la existencia y violencia de resistentes contrarrevolucionarios escondidos en los campos. No estaba dispuesto a dejarme persuadir: lo que me interesaba era la Revolución de los Claveles, la democracia.

La revolución portuguesa era soñada por los demócratas españoles. Un anhelo imposible, un ejército democrático que se ponía de parte del pueblo y la democracia sin violencia, levantado contra la dictadura. Por las calles de Oporto, Lisboa y otras ciudades, se veía a la gente feliz y a los militares sonrientes en traje de faena; habían pasado pocos meses desde abril.

En España, los medios del régimen y los intelectuales orgánicos trataban de ridiculizar lo sucedido en el país vecino; esa gente siempre ha tratado a nuestros hermanos portugueses con desdén, pero, en el fondo, temían que su revolución fuera contagiosa. El régimen de Franco tardó en reconocer al nuevo Portugal; mientras, el búnker rugía en estado de alerta. A los franquistas, que ya lo eran entonces más que el mismo general Franco, les había parecido incluso revolucionario el llamado Espíritu del 12 de febrero, de 1974, del presidente de Gobierno Carlos Arias Navarro, considerado a pesar de sus sangrientos antecedentes un reformista, cuando aquello, un paquete mínimo de propuestas, no era sino una tímida apertura a las asociaciones políticas. Nada de partidos políticos.

No era, de ninguna de las maneras, el caso de España, a pesar de los temores no cabía el contagio militar: el ejército portugués, a diferencia del español, era mayoritariamente demócrata, más cosmopolita; además, llevaba padeciendo unos años su propio Vietnam en las colonias portuguesas en África.

El régimen franquista, a través de sus ministros y un relevante protagonismo de Manuel Fraga Iribarne, que solo era ministro de Información y Turismo, había cerrado el dosier guineano con un referéndum, elecciones, autonomía y la posterior independencia de la excolonia española Guinea Ecuatorial unos años antes. Fraga, que no era el ministro de Exteriores, fue el encargado de pronunciar el discurso de proclamación de la independencia de la penúltima colonia española en representación del jefe de Estado, un 12 de octubre de 1968. El mérito, sin embargo, de aquella descolonización profesional hay que atribuirlo a Fernando María Castiella, este sí, ministro de Asuntos Exteriores, considerado un aperturista del régimen. Fraga se refirió al Generalísimo con palabras elogiosas: «de su generosidad —dijo— había derivado un final tan feliz en el proceso de descolonización»; en realidad, la descolonización había sido impuesta por la ONU. Igualmente, puso como ejemplo para el futuro el buen hacer español tanto en la organización de las elecciones como en el referéndum de autodeterminación. ¡Lo que veríamos con el tiempo!

En España, la gente ni siquiera se había enterado de la guerra de Ifni de finales de los cincuenta; tampoco el ejército, devoto franquista, con escasos demócratas en sus filas aunque valientes, había criticado ni puesto reparo alguno al fracaso diplomático del Gobierno franquista y a las cesiones ante Marruecos, incluida la entrega del territorio de Ifni, finalmente, en 1969. Aún no había empeorado lo suficiente la situación en la por entonces provincia del Sáhara, que enviaba exóticos procuradores en trajes vernáculos a las Cortes, pero ¿quién sabe?, se decían.

Los más inteligentes del régimen, los que pensaban sobrevivir en lo que viniera («los camisas viejas de lo que venga», decía uno de mis profesores de la universidad), prefirieron curarse en salud y hacer mutis, como si no les importara la revolución portuguesa, ya que lo que más temían no era al ejército, que era suyo, franquista y poco viajado, sino a una fantasmagórica revolución comunista fruto de su propia inseguridad argumental, desconocimiento y desconfianza en ellos mismos. Portugal era un imposible. Desde el pensamiento iberista, sin embargo, idealizábamos un futuro mejor en el que tenían que estar los portugueses; sin ellos no estábamos completos: Iberia, ese proyecto común. Hoy sigo pensando que para ese proyecto compartido nos faltamos los unos a los otros.

Cuando llegué a Estados Unidos a primeros de diciembre de 1975, con muchas ganas de democracia, se preparaba el bicentenario de su independencia de 1776. Desde que aterricé en el aeropuerto internacional de Dulles, Virginia, hasta que llegué a Washington D. C. se me abrió el mundo en canal. Por fin, después de un tortuoso y largo trámite de obtención del visado por causas que aún desconozco pero sospecho, los inconvenientes fueron felizmente despejados por mis anfitrionas estadounidenses, una familia de la élite demócrata que había enviado a sus hijas a estudiar a España, a una de las cuales caí bien.

Apenas dejadas las maletas en mi nuevo domicilio de Washington D. C., mi primer —y chocante— contacto fue asistir a un acto de un grupo trotskista en la mismísima capital del capitalismo mundial. No me lo imaginaba, no me habían contado Estados Unidos de esa manera, así que la primera impresión, luego reflexionada y comprobada, fue que los dos partidos estadounidenses importantes funcionaban como contenedores: el republicano, aunando a todas las derechas; el demócrata, a todas las izquierdas, aunque como en todas partes las izquierdas allí también eran voltarias, como le pareció al Caballero del Bosque la veleta de la Giralda.

Otra cosa que me impactó a primera vista fue que, entre los demócratas, había gente tan rica o más que entre los republicanos. Los que mandaban de uno y otro partido eran los más ricos, los opulentos, una minoría especial y privilegiada. Ese era el espíritu fundacional de Estados Unidos, una cultura que me pareció impaciente por el éxito. Lo intuía, pero observarlo en la práctica contribuyó a que se me empezara a disipar esa idea que traía de Europa de que los pobres eran de izquierdas y los ricos, de derechas.

Como dije, Washington D. C. estaba de «preferia» por la celebración del bicentenario. «Doscientos años de democracia», pensaba con sana envidia; la ciudad en fiestas no dejaba de ser la capital y centro político de Estados Unidos y del mundo democrático liberal convencional. A pesar de que había pasado más de una década, aún se sentían por sus calles los ecos de la convulsión de la Marcha por la igualdad racial, y creía oír retumbar la voz de Martin Luther King; al fin y al cabo, estábamos al sur de la línea Mason-Dixon, en pleno Dixieland, la frontera que separaba los antiguos estados esclavistas del sur del resto de la Unión. Pero la ciudad, la capital federal, vivía ahora otra gran convulsión: el caso Watergate. Se notaba que los washingtonianos aún sudaban la conspiración republicana por todos sus poros.

Vivir en primera persona el desenlace del mayor caso de ataque a los valores de la Constitución y la democracia estadounidenses iba a suponer para mí una gran lección. Y tanto: le había costado el puesto de presidente de Estados Unidos, el país más poderoso de la Tierra, a Richard Nixon, que en agosto del año anterior había renunciado, acorralado por las pruebas que demostraban su responsabilidad en aquel caso de espionaje. Me daba vueltas la cabeza solo de pensar que, en cambio, en el país del que venía, el jefe de Estado acababa de morir en la cama tras más de cuarenta años de dictadura, cuyo origen se remontaba a un golpe de Estado contra la legalidad constitucional republicana.

A los pocos días de estar allí, me sabía de memoria la sección 4 del artículo II de la Constitución estadounidense que, en tan pocas líneas, contempla el juicio político, el *impeachment*, para destituir de su cargo al mismísimo presidente de la república. En este caso, a Nixon le bastó para dimitir la amenaza del previsible éxito del procedimiento de destitución.

Cada día, cada experiencia, era una incursión en un sistema que se me abría a los ojos como un libro. Con sus contradicciones. En un restaurante en Marshall, Virginia, un mediodía de domingo me senté a comer en una mesa con un mantelito de papel, algo que veía por primera vez, en el que te instruían e informaban: «Compañero americano y cliente: aquí le recibimos con respeto a sus ideas y esperamos que usted respete las nuestras... Sepa que estamos siendo obligados inconstitucionalmente por el Gobierno federal a servirle, sea usted del color que sea». Como quiera que de muchacho tenía más cara de guiri que ahora, no me di por aludido, pero me sentí muy incómodo.

En la prensa se contaba todo, en la televisión se hablaba de todo. Vi por primera vez *talk shows*, debates y tertulias. Era inevitable no tener en la cabeza la prensa del Movimiento Nacional y la RTVE que había dejado atrás, hasta hacía poco bajo la dirección general de Adolfo Suárez. Con el tiempo pude comprobar en España cómo periodistas del régimen anterior aparecían ahora como adalides de la libertad de expresión, e incluso se pavoneaban de haber sido elegidos y ordenados en el sacerdocio democrático periodístico con una misión que cumplir. Los más atrevidos y ufanos se veían a sí mismos como obispos del nuevo orden y, en la máxima jerarquía, como cardenales, a los que, parafraseando a Nicolas Chamfort, no se les exige la fe —pueden ser incluso ateos—, en este caso de la libertad de expresión, sin que les pesaran los antecedentes y grandes servicios al franquismo.

Algunos de esos cardenales han venido practicando de manera metódica, desde el inicio de la Transición, desde sus púlpitos editoriales y páginas completas, la violencia simbólica, la dominación por encargo y la admonición a los disidentes o relajados, seguros del letargo o precariedad de sus destinatarios, en un ejercicio cínico de su autoproclamada misión protectora y visionaria del régimen de 1977. En realidad, se adaptaron e inventaron su propio relato exculpatorio. Solo habían cambiado de patrón, así que decidieron conservar y, sobre todo, conservarse, perpetuarse ellos mismos; de hecho, casi sesenta años después, la Ley de Prensa e Imprenta de Manuel Fraga de 1966 sigue prácticamente entera en vigor.

Por las calles y avenidas de la capital federal, tenía la sensación de oír por todas partes a Earth, Wind & Fire; Washington es una ciudad muy bailona. En un cine cercano a casa ponían en sesión doble *Last Tango in Paris* y *Women in Love*. ¡Pero, bueno! Libertad cinematográfica, ¿sin censura? Con el tiempo me sonreía presumido cuando hablaban las noticias sobre las romerías catetas a Perpiñán. En España hubo que esperar para ver siquiera un culo, un gran culo. Alguno de aquellos mereció la atracción y vocación regia y sirvió para la promoción de excelentes carreras.

Pero lo que más me llamaba la atención era el seguimiento del caso Watergate, que en España apenas era conocido. Más tarde, con el estreno de la película, *Todos los hombres del presidente*, aquel escándalo apenas sirvió para el debate cinematográfico o para convertirse en un desiderátum del postureo periodístico; entre los entonces profesionales más jóvenes, era un ejemplo imaginario, pero nunca pasaron de ahí. En Washington D. C., el debate no era ni rosa ni amarillo, era sobre la democracia y su alcance. Ni más ni menos que un presidente de la república, un partido, una camarilla, habían puesto en riesgo la democracia estadounidense; la sociedad democrática, la ciudadanía, la justicia, los medios, los periodistas, demócratas y republicanos, todos estaban posicionados desde cualquier ideología a favor de la democracia. La cabeza se me iba llenando más y más de contradicciones, pero el sueño de libertad se hacía aún más fuerte.

En las cercanías a la Navidad me invitaron, gracias a mis ilustres anfitrionas, a una cena en Kenwood, en el barrio —por decir algo— de Chevy Chase, zona residencial de lo más granado de la multimillonaria élite washingtoniana. Cuando muchos años después se supo que Iñaki Urdangarin y su esposa Cristina de Borbón, yerno e hija del ahora rey honorífico Juan Carlos I, vivían en este lugar, un destino profesional, sabía de lo que estaban hablando, aunque la prensa cortesana y capitalina le restaba importancia: o no sabía qué barrio era o jugaba al despiste.

Fue deslumbrante: una cena en la que estuve rodeado de republicanos y demócratas ricos y en la que se hablaba de política y democracia con un antagonismo y una educada esgrima dialéctica que yo no podía ni imaginar que fuera posible. La mayoría no entendía ni compartía el perdón presidencial que Gerald Ford había concedido a su antecesor, Richard Nixon, del que fue su vicepresidente. Se argumentaba, en todo caso, que el perdón presidencial era una prerrogativa constitucional, un contrapeso del poder ejecutivo frente al sistema penal federal, el poder judicial.

Ese recuerdo, así como los apasionados debates que presencié sobre la prerrogativa presidencial y constitucional de conceder un indulto total a un presidente que había sido considerado participe en el Watergate por el gran jurado federal, me ayudó también a comprender, salvadas las distancias jurídicas y políticas, el valor político del indulto, de las medidas de gracia. El perdón de Ford a Nixon fue un indulto completo, libre y absoluto.

De todas formas, la atracción en la cena, por exótico, era un muchacho sevillano que venía de un país aliado, con bases americanas —nunca les dije lo que pensaba de ellas, aunque lo sabrían—, donde acababa de morir un dictador amigo y protegido de Estados Unidos. Para más referencias, uno de los presentes, militar de alta graduación, había servido en la base naval de Rota y, ciertamente, como si hubiera estado destinado en la base de Okinawa, no tenía ni remota idea de la situación real en el país donde había vivido con su familia varios años. Lo que verdaderamente les preocupaba a los invitados a la cena era saber si en España, tras la muerte de Francisco Franco, iba a estallar una revolución comunista.

Después de esa comida vinieron algunas más. Esta otra sí que fue importante. Fue en Potomac, Maryland, un lugar privilegiado con impresionantes vistas desde un alcor sobre el río del mismo nombre que cruza el distrito de Columbia. La comida la dio Jimmy Gore, exmarido de mi anfitriona y pariente, creo que primo o tío, del que luego fuera vicepresidente de Estados Unidos y ecologista ambulante, Al Gore.

La casa tenía su historia: los Gore compraron aquel lujoso complejo a los padres de John F. Kennedy —eran casi familia—, y estábamos en lo que quedaba, por eso de que las economías de las dinastías ociosas tienden a menguar. También era interesante su geografía: en el trayecto en automóvil hacia allí, mis amigas me señalaron el lugar en el que estaba la sede central de la CIA, en Langley, Virginia. Todo en Washington D. C. está muy cerca de Langley.

La comida fue tan agradable como inabarcable, pero no me sentía impresionado, y allí estaba, tan tranquilo. El asunto de la revolución comunista en España volvió a surgir, esta vez con preguntas que no supe responder. La verdad es que estaban muy preocupados. Algunos de los presentes, y otros de los que supe años después, habían malvendido propiedades en la Costa del Sol. Unos años más tarde volví a encontrarme con algunos de ellos, en el Algarve portugués. En un momento determinado surgió una figura, John N. Mitchell, que hasta ese momento estaba en silencio en un segundo plano. Había sido *attorney general*, es decir, fiscal general del Estado, que en el sistema estadounidense es también ministro de Justicia y miembro destacado, por tanto, del gabinete del presidente. El *attorney general* había abandonado el cargo para convertirse de una especie de jefe de campaña para la reelección de Richard Nixon y en esas estaba cuando le llegó hasta el cuello la marea del caso Watergate.

Mitchell, que también tenía algún vínculo familiar con los anfitriones, tomó la palabra cuando más arreciaban las preguntas largas y mis cortas e indocumentadas respuestas sobre la situación de España: «Dejad a nuestro joven invitado tranquilo, en España no va a pasar nada, todo está bajo control», intervino. Con los años, no sé por qué asocié aquellas palabras de John N. Mitchell —que algo sabría por dónde había estado— con la cercanía a Langley, la sede central de la CIA. Sabía y mucho. El cargo de *attorney general* lo situaba como número uno en el rango administrativo de la Casa Blanca y miembro del gabinete del presidente. Es decir, por razón de su cargo, podía haber asistido hacía muy poco a las sesiones del Consejo de Seguridad Nacional —de hecho, lo hacía con frecuencia con Nixon—, donde se coordinan todas las fuerzas, las embajadas y agencias federales que intervienen en la, llamemos, gestión de la seguridad nacional, la defensa y la política exterior.

Al cabo de unas semanas, tuve que pasar por el selecto Club Pisces, en Georgetown, donde se reunía lo más granado de la élite washingtoniana y algún intruso. Unos amigos de la familia me habían dejado allí entradas para un partido de baloncesto de los Washington Bullets y pasé a recogerlas. Allí estaba de nuevo John N. Mitchell. Esta vez pudimos hablar un rato. Quiso saber cuáles eras mis ideas e intenciones. Mi interés por la política, mi pasión por la democracia, mi propósito de estudiar Derecho. Después de una buena conversación sin que ni él ni, mucho menos, yo habláramos de su situación, me aconsejó paternalmente que volviera a España. La ocasión merece la pena, luchar por la democracia es una buena elección —razonó—, se abrirán muchas oportunidades.

Mi visión de la democracia estadounidense era y es crítica desde la admiración. Me costaba creer que un sistema democrático estuviera anclado en vicios originales, algunos permanentes. Desde la eliminación de la población indígena a la esclavitud, cuyo modo de producción había servido como mínimo para moldear su apogeo capitalista. El racismo permanecía igualmente intacto en la médula del país, seguía muy arraigado a pesar de los reclamos de igualdad, los avances legislativos en la defensa de los derechos civiles y los movimientos sociales, y afectaba tanto a republicanos como a demócratas. Me resultaba llamativo, en particular, el racismo entre los demócratas, sobre todo, en los del sur, quienes en un tiempo fueron llamados *bourbons*, sin connotación monárquica sino espirituosa. Luego estaba el asunto del imperialismo: democracia para dentro, imperialismo para fuera.

Aquellos años eran también los de la resistencia ciudadana a la guerra de Vietnam que Richard Nixon había comenzado a finiquitar y no los demócratas. Con el tiempo, los propios dirigentes demócratas, que tan deslucido papel habían tenido en aquel conflicto bélico, reconocerían los méritos de Nixon; su papel en la guerra de Vietnam y en política exterior le merecieron la reelección, en 1972, para un segundo y recortado mandato. En España, en las manifestaciones clandestinas y subversivas, según la terminología de la época, Vietnam también había estado muy presente. Se asociaba la lucha por la democracia con la crítica al imperialismo yanqui, el grito de «¡Franco y Nixon, asesinos!» fue la banda sonora de muchas de las marchas y reivindicaciones en los primeros setenta.

Una vez ya en Europa, cayó en mis manos el libro de Alan Wolfe *Los límites de la legitimidad: las contradicciones políticas del capitalismo contemporáneo*. Con él se me ordenaron las ideas. Su concepto de *Dual State*, Estado dual, democrático hacia dentro e imperialista hacia fuera, me dio la clave crítica de mi interpretación de la gran democracia estadounidense. Me sirvió también para otras democracias.

Le hice caso a John N. Mitchell, me volví a España. No pude realizar mi sueño, fueron solo dos meses, pero en ese intenso tiempo que pasé en Estados Unidos traté de comprender y aprender, adaptarme; sin embargo, no me sentí frustrado, volví a mi realidad, ilusionado, aprendido de lo fundamental. Los jóvenes de mi tiempo, cuando soñábamos con la democracia, anhelábamos de manera inocente un modelo de democracia directa, creíamos que era posible, después de cuarenta años de democracia orgánica. En realidad, no sabíamos nada, ni tampoco lo que se estaba cociendo, lo que vendría; así y todo, sobre todas las cosas queríamos democracia. Mejor que fuera directa; si no, al menos, meteríamos la directa hacia la democracia.

De vuelta tuve noticias, a través de la familia, de que John N. Mitchell había sido condenado por un tribunal federal, aunque solo cumplió diecinueve meses de prisión, por su participación en el escándalo Watergate.

2

Por qué no explorar

> Antes de plantar tu jaima, elige a tus vecinos; antes de emprender un viaje, elige a tus compañeros.
>
> Proverbio árabe

Ya de vuelta en España, los últimos meses de 1976 fueron muy difíciles. No había trabajo y las cosas iban lentas. El baño de realidad me conducía de la refulgente Washington D. C. a trabajar de peón en la Cooperativa Algodonera Virgen de los Reyes, en el Parque Alcosa de Sevilla, donde una amiga me encontró empleo, no había más. No fue un bochornoso regreso, como confesó Juanito Belmonte al regreso de su frustrada excursión a África, pero sí una sentida aceptación de fracaso.

Cada mañana, al coger el autobús para el trabajo, las pocas luces del primer amanecer dejaban entrever, en una desolada explanada que ocupaba el solar de una caseta noble de la antigua Feria de Sevilla, una suerte de paradero improvisado; su único mobiliario consistía en unos cajones bocabajo a manera de mostradores en los que algunos incipientes emprendedores de la hostelería temprana vendían aguardiente y *coñá*. Un paisaje parecido creí ver con el tiempo en la película *Apocalypse Now*.

En la cooperativa el trabajo no era sofisticado. Sin más herramienta que un *biergo* de palo, a un ritmo infernal, alimentábamos un insaciable tubo succionador que engullía todo el algodón que éramos capaces de arrimar a su garganta. Había una escala aún menor: empecé barriendo la sala de máquinas con un escobón de palma, pero ascendí. Fue una gran y humilde experiencia laboral de sindicalismo directo, por no decir sindicalismo imaginativo. El ritmo de trabajo era tan inhumano que los más veteranos de cada cuadrilla dejaban caer, de vez en cuando, un saco entero de algodón sin abrir para atascar el esófago del monstruo. En el tiempo que tardaban en venir los peritos a desatascar el tubo, descansábamos un poco.

La calle no estaba demasiado tranquila, la Transición nunca lo fue. Había agresiones y violencia contra el aperturismo, contra los demócratas, por distintos grupos y bandas violentas con la inhibición —cuando no complicidad y autoría— de la propia autoridad policial y la cobertura de la autoridad judicial, que eran todavía las mismas autoridades de antes de que los dejase huérfanos el dictador.

Los sindicalistas eran los más peleones, y me producían una gran admiración y respeto. Las fábricas, el tiempo del bocadillo, las asambleas, las asociaciones vecinales, barrios históricos por su lucha como Torreblanca, también la facultad, eran la gran escuela de la democracia. No había llegado el tiempo de que, en el sofá, la televisión, la videopolítica, te inmovilizara, te recomiera la conciencia. Tampoco se hacía política con móviles a golpe de tuits; entonces se pegaban carteles, se discutía en las asambleas, se pisaba la calle y había que correr, asistíamos todos a los mítines de todos. El sindicalismo era de valientes, incluso de héroes; al frente, los compañeros del metal y del campo. Cómo no recordar su imaginación. Sus bolitas de acero hacían descarrilar a los grises a caballo en las calles adoquinadas; los agitadores más tiesos, con menos posibles e industria, usaban para lo mismo garbanzos duros como perdigones.

No eran tiempos fáciles, pero no faltaba el ingenio. La resistencia más visible era la sindical, pues los trabajadores llevaban décadas de lucha sacrificada. Las «marchas lentas», nacidas en la Hispano Aviación de Triana, fueron una de las mayores expresiones de inteligencia sindical frente a la brutal represión del régimen contra los trabajadores. Imposible olvidar siglas como ISA ni a los trabajadores de Astilleros, la Fábrica de Contadores, CASA... Aún operaba la Brigada Político-Social, de manos largas y pensamiento corto; estaba en pie el Tribunal de Orden Público, una especie de milicia togada que daba pánico y que a tantos se llevó por delante. El Proceso 1001 seguía presente en la mente de todos; el ejemplo de los Diez de Carabanchel, la cúpula valiente de Comisiones Obreras, era como un catecismo. El sacrificio de esas personas que desnudaron la dictadura y pusieron a su aparato frente al espejo de sus miserias, desatando sus vergüenzas ante el mundo que los observaba, debería pertenecer a una memoria imborrable.

El día 15 de diciembre de 1976 tuvo lugar el apenas recordado —y postergado de manera intencionada por los historiadores orgánicos— referéndum sobre el Proyecto de Ley para la Reforma Política, y en el mes siguiente entró en vigor aquella ley después de ser sometida al pueblo. En opinión de muchos, esa ley marcaba la fecha real del nuevo tiempo político, enero de 1977, fecha de su entrada en vigor, y no la Constitución de 1978. Nos parecía poco, muy poco. Detrás de todo, en la tramoya, se dejaban entrever los correajes de los falangistas, de los franquistas reconvertidos.

El referéndum no hizo gracia a las organizaciones de izquierda y la ley, una vez en vigor, no convenció a los demócratas más ilusos. El entonces presidente de las Cortes, Torcuato Fernández-Miranda y Hevia, así como Landelino Lavilla Alsina, notario mayor del reino, dos grandes juristas y arquitectos del plan urdido para asegurar la restauración y continuidad de la monarquía, se apresuraron a advertir a quien pudiera interesar que se trataba de una ley fundamental, es decir, el rango máximo del ordenamiento jurídico franquista, así, con ese carácter, aparecía la ley.

«De la ley a la ley a través de la ley», machacaba don

Torcuato Fernández-Miranda marcando itinerario, una suerte de cadena de legitimidades, sin matizar que la primera ley, el origen, era franquista como el sostén y armazón jurídico de la propia sucesión en la jefatura de Estado que hizo rey a Juan Carlos I. Para los amantes de una soñada democracia directa *ex novo*, que el rey, que aún no lo era de una monarquía constitucional, fuera el eje en torno al que giraba la ley e incluso se reservara poderes importantes como nombrar directamente una quinta parte del Senado —cuarenta y un senadores en la primera legislatura— fue la señal de alarma.

Sin embargo, de aquella ley surgieron las Cortes constituyentes y la Constitución de 1978, incluso la legalización del Partido Comunista de España (PCE). Se maliciaba por aquellos tiempos con que ambos arquitectos del nuevo régimen, don Torcuato y don Landelino, debieron emplearse a fondo con un apenas conocido Isidoro para que aceptase la legalización del PCE. Manuel Fraga, por su parte, se desató y llamó a la legalización del PCE un auténtico golpe de Estado y farsa jurídica. Sin duda, el halcón secretario general de Alianza Popular, luego fundador del Partido Popular y antes ministro de Franco, ha dejado una impronta imborrable en sus sucesores y seguidores.

Pero, avanzábamos, en la ley para la reforma política muchos vieron el final y suicidio del franquismo; otros, la continuidad controlada que consagraba la restauración de la monarquía, el gran legado de Franco y objetivo principal. Un veterano profesor de la facultad de Derecho hispalense me comentó que en realidad aquello se les fue de las manos, los neodemócratas, antes franquistas, nunca pensaron que se llegaría tan lejos.

La izquierda que había luchado por la democracia no sabía qué hacer, pero la realidad es que se acabó sumando, lo hicieron, y se incorporaron de inmediato a un proceso que culminó con la aprobación de una Constitución democrática de lo posible. Se celebraron unas elecciones con las herramientas del franquismo y se produjo la sorprendente legalización del Partido Comunista. Muchos activistas, a la alegría unieron la decepción: el PCE había pagado un precio muy alto, había aceptado incluso la monarquía, no eran como sus primos los comunistas italianos. Y todo bajo la batuta de Adolfo Suárez: la legalización del PCE fue otra de sus genialidades. Suárez venía de estar activamente comprometido con el Movimiento Nacional del que fue ministro-secretario general y aquello le sirvió para dos cosas: ganarse la confianza y respetabilidad de las democracias europeas y, al mismo tiempo, debilitar a la izquierda, que se vio obligada a escoger electoralmente entre el socialismo surgido de Suresnes, el PSOE renovado, y el PCE que, ahora también renovado, siempre había estado frente al franquismo. En efecto, como oí en Estados Unidos, no iba a haber revolución comunista; todo apuntaba a un bipartidismo turnista. Y habían pasado apenas dos años.

Los acontecimientos empezaron a coger velocidad, pero, en cierto sentido, no sabíamos qué estaba pasando, por dónde íbamos. Los jóvenes, muchos menores de veintiún años, no habían podido aún votar; teníamos la sensación de que éramos soldados de unos generales que no conocíamos y andaban tomando decisiones y posiciones pensando en despejar su futuro. Con el tiempo, reconoceríamos que teníamos razón. Al mismo tiempo, los albaceas y herederos del franquismo estaban activos entre nosotros en uno de los espectáculos de travestismo político más inusitados.

De todas maneras, era imposible la continuidad de la dictadura, aunque la alternativa no la teníamos clara. La oposición ciudadana antifranquista apenas había tenido tiempo ni opciones de prepararse, de formarse, y la intelectualidad democrática era escasa o había desaparecido. Buscar y encontrar un libro, revistas de pensamiento, escuchar la radio democrática o simplemente asistir a una charla era una odisea; por eso la curiosidad, asomarse al exterior, aun para desencantarse, era una obligación.

Nos hacíamos ilusiones con la democracia escandinava. Olof Palme, el primer ministro de Suecia, había pedido por nosotros con una hucha y con un cartel colgado del pecho que rezaba: «Para la libertad de los españoles». Aquello ayudó mucho al enamoramiento del modelo sueco, más que por el consabido turismo; más que de la socialdemocracia alemana de la que se decía entonces que empujaba, junto con los poderosos sindicatos estadounidenses, para que no nos saliéramos del guion que alguien había escrito.

De Francia, casi todo lo que venía era postureo. Era imposible que tanto español hubiera estado en el Mayo de 1968, no habríamos cabido en París. En los veranos de los primeros setenta, muchos chavales aprovechábamos para ir a trabajar a Alicante. Los pueblos de la costa alicantina acogían a miles de *pieds noirs* que prefirieron venir allí antes que, resentidos, ir a Francia, después de que la metrópolis, por fin, abandonara su *grandeur* colonial argelina y reconociera la independencia de Argelia. Conocí a muchos de aquellos extraños franceses como compañeros de trabajo, pero también supe de inversores y empresarios en posiciones muy privilegiadas, protegidos por el régimen franquista, que no escondían ni su simpatía ni su antigua pertenencia a la OAS, la Organización del Ejército Secreto, grupo francés de extrema derecha.

Entre los jóvenes informados no despertaba mucha simpatía que la democracia francesa hubiera mantenido una guerra colonial cruel en Argelia, antes en Indochina; tampoco que experimentara con armas nucleares en sus posesiones del Pacífico Sur y, muy por encima de todo, rechinaba la actitud para con la infancia democrática española que luchaba contra el terrorismo desestabilizador de ETA. Resultaba difícil de entender lo que se llamó el «santuario francés», insoportable para un demócrata, sobre todo porque se pensaba que la violencia terrorista de ETA podría ser un acicate y excusa para el involucionismo militar.

Quizá fueran pecados de juventud, pero tenía la impresión de que Francia no se perdía un desfile de los vencedores cuando lo habían perdido casi todo. Para los que sabían algo de historia, el papel del mariscal Pétain, la extrema derecha francesa, el régimen de Vichy y la alianza con Adolf Hitler —ambos amigos de Franco— echaba para atrás. Cuando aparecían alemanes y franceses en justa armonía, piano, copas y cigarros, en el Marruecos francés, en la película *Casablanca* de 1942, no era un recurso cinematográfico ni una confusión del guion, era la historia en vivo de Francia. Ni siquiera el recuerdo de la Revolución francesa aplacaba la sensación de que Francia no era el modelo, aunque es justo reconocer que la historia, el pensamiento ilustrado, los pensadores de izquierda y sus mil pleitos intelectuales, el paisaje y la gastronomía actuaban como calmante.

Crucé a Francia esta vez por La Junquera sin más compañía que Manuel León, que luego sería mi compadre, y un Seat 127. Era el verano de 1978. Precisamente, hacíamos la misma ruta en coche que hizo, en 1941, el general Franco por vía férrea, protegido y escoltado por la Francia fascista de Vichy, para entrevistarse con Benito Mussolini. El Generalísimo, avispado e intimidado por sus propias acciones, no quería volar. Con la democracia a flor de piel, todo eso lo teníamos en cuenta, había mucho de reproche y hasta de rencor por cuarenta años de abandono y olvido por las democracias europeas y por la francesa, en particular, y su política de no intervencionismo. Al poco de entrar en Italia, comimos en Bordighera, una casualidad o hambre, pero allí precisamente, en Villa Regina Margherita, no en la *trattoria* en la que almorzamos pasta con cerveza nacional, se reunieron Franco y Mussolini, apadrinados en la distancia por Hitler. A la vuelta, a Franco le dio tiempo de verse con su conmilitón, el mariscal Philippe Pétain, que había sido embajador de Francia en Madrid en 1939.

Aquella noche nos encontramos fruto del azar con que muy cerca, en San Remo, se celebraba la *festa de l'Unitá*, la fiesta de los comunistas italianos. Fue como una explosión lúdica, de pronto, la fiesta del eurocomunismo. Papeles, folletos, libros, Palmiro Togliatti y, sobre todo, Antonio Gramsci, por todas partes. El eurocomunismo también interesaba. Los partidos comunistas de Italia, Francia y España caminaban por esa senda, pero era necesaria mucha apostasía, mucho exorcismo de los puros, para hacer desaparecer de las mentes críticas del *establishment* anticomunista la amenaza de la aún existente Unión Soviética y los vínculos entre partidos comunistas. Ni el cristiano arrepentimiento, muy patente entre las filas de una suerte de comunismo obrero vaticano, era suficiente; de hecho, a pesar de la lucha y de la sangre derramada contra el fascismo para traer de nuevo la democracia a Italia, los ministros comunistas tuvieron que abandonar el Gobierno italiano allá por 1947, víctimas de la denominada crisis de exclusión, una medida exigida por Estados Unidos.

George Marchais, Santiago Carrillo y Enrico Berlinguer no perdían el contacto entre sí desde la cumbre eurocomunista de Madrid, en marzo de 1977. Entonces la capital española no era aún el parque temático del eurofascismo y de los fascistas ultramarinos. Se me vino que el Partido Comunista Italiano (PCI) había tenido un papel crucial en el derrocamiento de la monarquía, tras y antes del referéndum de 1946. En España no habíamos tenido esa suerte.

El PCI estaba en buenas horas por aquel tiempo, gracias al liderazgo de Berlinguer. Me interesaba el PCI y su eurocomunismo, pero a pesar de mi juvenil poca experiencia ya intuía que no irían muy lejos; siempre tengo presente Langley. Y razonaba (aún lo conservo en las notas de mi libreta negra): si con el poder de los comunistas italianos, con su apoyo electoral, con la categoría y altura intelectual y política de sus dirigentes, con su compromiso histórico con la democracia, su aceptación de la democracia parlamentaria, su protagonismo destacado en la derrota del fascismo y el nazismo, en Italia y en Europa, pasarían a la extinción, qué no sucedería en España donde había vencido el fascismo. Aún en nuestros días, a cualquiera que se sitúe en el lado crítico de la democracia liberal parlamentaria le llaman comunista a manera de insulto.

La frontera con Yugoslavia la pasamos por Gorizia. Hoy por este lugar se entra a Eslovenia y hay que cruzar Croacia hasta llegar a Belgrado, que hoy es la capital solo de Serbia. Llegaban noticias del socialismo autogestionario de Josip Broz Tito. Se trataba de otra vía, un comunista croata que experimentaba no estar a la sombra de Moscú, en plena Guerra Fría: el Movimiento de los Países No Alineados.

De entrada, aquel país era una república federal —qué envidia— y de gran diversidad étnica y lingüística, hasta en la escritura, como pudimos comprobar pronto y sufrirla con el callejero de la capital, Belgrado, en la que todo estaba escrito en cirílico. Svetozar Marković se llamaba aquella calle, dedicada a uno de sus líderes nacionales, que me hizo sentir ser analfabeto y estar perdido en medio de la ciudad, hasta que un soldado piadoso que hablaba italiano tuvo la bondad de leerme aquel nombre tan consonántico escrito en cirílico para poder decir, al menos, dónde estaba para que nos recogieran. La señalética, la moneda, la prensa, todo multilingüe; ni soñaba que pudiera ocurrir un día en España.

Precisamente, la diversidad etnolingüística sería utilizada más tarde para reafirmar identidades en el desmoronamiento yugoslavo. Volví varias veces. Años después, en uno de esos viajes, desde la televisión croata se animaba a encontrar palabras en serbocroata que no se usaran entre los serbios, es decir, se produjo también la escisión de una misma lengua, el serbocroata, en al menos otras tres.

Liubliana, Zagreb, Belgrado. La idealización se nos fue desmoronando, no obstante, pronto; el aspecto era agradable, se notaba un nivel de bienestar superior a los países del Este. Los yugoslavos viajaban y tenían en el deporte una buena carta de presentación; también había buena cerveza, música callejera, museos, incluso pudimos ver carteles con Fernando Arrabal de protagonista, en España proscrito. La decepción nos vino pronto porque nos dimos cuenta de lo importante que era ser del Partido o tener amigos en él. Buenos sitios para comer, beber y vivir. No era esa la idea, en verdad, poca democracia, privilegios para unos pocos y sin alternativa democrática.

Éramos muy puros, tanto que lo que nos produjo el rechazo definitivo fue tan solo una anécdota. El coche no daba más de sí y amenazaba con dejarnos tirados en la capital del socialismo autogestionario. Una amiga con carnet de lo suyo nos llevó recomendados a un taller, digamos, público. El camarada operario nos puso en el peor de los escenarios posibles de la avería, pero surgió la magia: por una propina importante tuvimos el coche arreglado esa misma mañana. Cosas de la juventud; salimos de Yugoslavia, desdeñando una invitación a Dubrovnik, decepcionados, esta vez vía Trieste, aunque se nos pasó mucho el mal trago en esa cosmopolita y libérrima ciudad. El trasiego de *terrano* triestino en sus tabernas ayudó.

Tras la caminata balcánica, la curiosidad residía en el socialismo panárabe, laico, indígena, tan adaptado a la cultura y tradiciones de la nación árabe que lo alejaba de la ortodoxia marxista. El protagonista indiscutible era el Partido Baaz, fundado por un árabe cristiano ortodoxo, Michel Aflaq, curtido en la resistencia contra el colonialismo francés y británico en el Levante. Era demasiado:

un partido laico liderando una opción socialista y nacionalista que uniera a todos los árabes.

El Levante llevaba controlado por las potencias occidentales desde el desmoronamiento del Imperio otomano, y, tras la Segunda Guerra Mundial, las potencias vencedoras, junto a una acomplejada y penitente Alemania, la federal, habían creado el Estado de Israel. Por aquellos años setenta, destacados dirigentes de la izquierda española pasaban temporadas en los kibutz y veraneaban en las playas de Tel Aviv.

Gamal Abdel Nasser, presidente de Egipto, fue el primer demonio, la primera alarma. Se sucedieron las uniones, las separaciones, las guerras, los golpes de Estado, los intentos de magnicidio, las corruptelas y sobornos, las invasiones. Los intereses occidentales se vieron impugnados, todo acabó mal y con ello vino como reacción la islamización de las clases populares, caldo fácil para sus versiones más extremas, promocionada y financiada por Occidente; también la radicalización de una sociedad desmoralizada. Su parte más ilusionante e ilusionada, la árabe progresista y laica, se sintió abandonada y traicionada para siempre por las democracias occidentales, quizá de manera irreparable.

Para Occidente, el socialismo panárabe, deprimido tras la primera derrota frente a Israel, abría un portillo peligroso al comunismo, a la Unión Soviética. La alianza de los países occidentales con las monarquías entonces ya corruptas de Arabia Saudí, Jordania y el Golfo fue una de las estrategias de debilitamiento del panarabismo, y la fuente y destino de miles de millones de dólares para incrementar la fortuna de los corruptos y para potenciar la reacción islamista y, con ella, la inestabilidad política y la violencia del terrorismo, primero contra aquellos gobiernos árabes o musulmanes que no resultaban gratos a Estados Unidos; luego, como pudieron comprobar el 11 de septiembre de 2001, volviéndose contra sus padrinos. Los viajes por Egipto, Siria, Irak o Libia tenían su interés; quedaba algo de aquella idea inicial de los árabes progresistas. Al principio, Libia llamó también la atención y mucha gente se vio atraída con curiosidad por lo que allí estaba pasando. En uno de mis viajes a Trípoli coincidí, lo recuerdo con añoranza y veneración, con Marcelino Camacho, que, escarmentado por las experiencias de su reciente pasado, se ponía de los nervios cuando le retenían el pasaporte durante unos días, algo habitual en aquellos países. Una de las maneras de identificar a los veteranos demócratas españoles es que nunca se separan del pasaporte, siempre lo llevan encima.

Libia y su revolución, el Libro Verde de sus ideas imposibles. Libia tenía la atracción de haber derrocado a una monarquía corrupta impuesta por los occidentales, haberse enfrentado al colonialismo de los fascistas italianos. La gesta de Omar al Mujtar, idealizada en el cine, también había resistido tempranamente los intentos de derrocamiento del coronel Muamar el Gadafi por la CIA; habían nacionalizado el petróleo. Esto último, junto a la intención de nuevas nacionalizaciones, probablemente, de manera concienzuda pero inexorable, desencadenó el final abrupto de Muamar el Gadafi, que, en un principio, encontró la inspiración baazista y fue, declarado o no, émulo de Gamal Abdel Nasser.

Libia, antes de Gadafi, estaba en la órbita de los intereses occidentales que con la monarquía títere de Idris I —y único— se habían garantizado un Estado servil y corrupto. La letra del himno de los Marines, que los militares estadounidenses cantan orgullosos, recuerda las batallas por su país por las playas de Trípoli: «De los salones de Moctezuma a las costas de Trípoli»; toda una declaración de la voluntad de injerencia de Estados Unidos en el norte de África. Trípoli, Bengasi; en una ocasión aproveché para saltar a la cercana isla de Malta. Me encontré con muchos malteses en Libia; algunos trabajaban y desarrollaban la radio y televisión pública gracias a su dominio del árabe. Malta era una etapa de referencia porque, desde la llegada al poder de Dom (Duminku) Mintoff, en 1971, no solo se había producido la independencia total de Malta del Reino Unido, sino que se estaba poniendo en práctica un programa laborista con leyes progresistas, enfrentándose incluso con la Iglesia católica, muy poderosa en aquella república mediterránea, cosa que me sonaba. Aquel diminuto estado se había atrevido incluso a no dejarse seducir por la Organización del Tratado del Atlántico Norte (OTAN). Era como un laboratorio en miniatura.

Dom Mintoff era uno de nuestros líderes, distante del bloque occidental aunque sin romper con él, protagonista de la Conferencia del Mediterráneo, del Movimiento de los Países No Alineados en tiempos de la Guerra Fría. Su error, mortal, dicen sus críticos, fue acercarse a Muamar el Gadafi ante el bloqueo financiero de Occidente. Un clásico. No pude estrecharle la mano a Mintoff en La Valeta pero sí encontrarme con Anton Buttigieg... Era el presidente de la república, todo un intelectual, un defensor de la cultura y literatura en maltés, lengua que me fascinaba por ser la única oficial de toda Europa de raíz árabe magrebí.

Muchos años después, a Donald Trump le salió un rival en su carrera política de apellido Buttigieg, impronunciable según el autócrata estadounidense. Pete Buttigieg tenía el atractivo de ser un demócrata joven en un ambiente gerontocrático y por haberse declarado abiertamente homosexual. Pete era hijo de Joseph Buttigieg, un filósofo marxista y traductor de Antonio Gramsci de origen maltés emigrado a Estados Unidos. Al menos, aquella experiencia maltesa me sirvió para comprender que, para tus sueños de democracia, en la práctica, el tamaño importa. También me sirvió para presumir de saber pronunciar ese apellido maltés mediterráneo que tanto costaba en Estados Unidos y en la iluminada e instruida Europa.

Los viajes, las lecturas para conocer todo lo existente son una experiencia fructífera, pues se desarrolla el pensamiento crítico. Cuando viajas con los ojos abiertos, se te caen los prejuicios, es difícil que te engañen. Por eso, desde la joven aspiración a una democracia en España, aquellos viajes sirvieron para saber cómo era de verdad el mundo, incluso para desengañarte. No quería cazar leones como Belmonte, solo ver y comprender, descartar. Así llegué a la conclusión de que no me valía ninguna experiencia que no dependiera de la gente, de la voluntad soberana expresada por el pueblo en las urnas en unas elecciones libres, revalidadas de tiempo en tiempo.

3

Vino otra cosa

La democracia es orden y aventura.

Jorge Luis Borges (versión libre)

Mucho después de que ocurrieran los hechos, supimos que Adolfo Suárez tenía datos demoscópicos, encuestas y otras informaciones encima de la mesa suficientes como para no atreverse a convocar un referéndum que permitiera a la ciudadanía optar entre monarquía o república. Según su propia confesión, la consulta habría sido favorable a la república. De todas maneras, nunca creí que fuera tan autónomo, tenía un poder vicario, no lo hubieran dejado. Ya se podría comprobar e intuir más tarde un 23 de febrero.

Para los más realistas y sanos pesimistas era algo previsible. La Ley para la Reforma Política de 1977 era un muy claro exponente de lo que se pretendía. Estaba redactada en torno al rey; en realidad se trataba de una restauración y nada hacía prever que el futuro debate constituyente nos llevara a una Constitución sin rey. La experiencia española no era la misma que la italiana; allí los demócratas nunca le perdonaron a la monarquía su alianza con el fascismo y Benito Mussolini. Los partidos de izquierdas españoles se proclamaban republicanos, pero sus prédicas se quedaban solo en eso. Es más, se esforzaban y aún se esfuerzan en convencer a la gente de que, al aprobar en referéndum la Constitución española, se aprobó la monarquía. Además, desde que muriera el dictador, los albaceas del franquismo, los encargados de asegurar la continuidad sin sobresaltos, no habían parado de moverse. De hecho, la Ley para la Reforma Política era una ley fundamental del viejo régimen; estaba blindada incluso frente a ellos mismos.

Desde 1976, en reuniones secretas y discretas, ya se le había garantizado a la Iglesia católica sus privilegios. Los

Acuerdos entre el Estado Español y la Santa Sede, el llamado Concordato, fueron firmados en la Ciudad del Vaticano por los plenipotenciarios de ambos países el 3 de enero de 1979, sin haber tenido en cuenta la redacción de la Constitución, que había entrado en vigor pocos días antes, en particular el articulado que atañe a las libertades civiles que podrían entrar en conflicto, y el propio carácter aconfesional del texto padre de la nueva democracia. Algunos destacados juristas afirman todavía que se trata de un acuerdo inconstitucional, pero ahí seguimos.

A aquellas alturas, ya constitucionales desde el final de 1978, sabíamos que no empezaríamos de cero. Pero el entusiasmo era tal que todo parecía mucho. Tan era así que se recuerda aún el tiempo de la Unión de Centro Democrático (UCD) y de Adolfo Suárez como si fuera toda una era, y tan solo fueron cinco años, los primeros de ellos preconstitucionales, hasta el golpe de Estado del 23-F de 1981. Felipe González, con mayorías absolutas, triplicaría a Adolfo Suárez en años en el cargo y en responsabilidades. Pero la épica estaba ya en el discurso, en el relato oficial y orgánico de lo que quizá ni ocurrió. Era la Transición.

La Transición fue épica, con la democracia siempre

amenazada o chantajeada, sí, pero se dejaron muchos pelos democráticos por la gatera. La violencia e intimidación estaban a la orden del día, violencia tanto física como simbólica, pero en lo fundamental todo estaba cimentado en un pensamiento aceptado estático e inamovible. Era para siempre, ni siquiera se contemplaba la posibilidad de una segunda Transición o, al menos, de una reformulación de la primera, llegadas unas mejores condiciones. No solo el franquismo, la Transición también estaba atada y bien atada.

El carácter estático, pétreo, de la Transición y su instrumento, la Constitución de 1978, el turnismo irremediable, es decir, el bipartidismo sospechosamente pactado que solo a veces, en un arranque de realismo de conveniencia, se apoyaría en los nacionalismos periféricos de derechas, minó en parte las expectativas democráticas de mucha gente, de los más ilusos. La democracia era para listos y para hábiles en el arte del disfraz. En los últimos setenta, la pulsión para arrinconar a una buena parte de la ciudadanía y recluirla en sus sofás, a la tranquila espectacularización de la democracia, era ya un hecho intencionado.

La política desvirtuada y convertida en simple representación no es nada nuevo, es la política como espectáculo. Así lo cuenta Norberto Bobbio, citando a Thomas Hobbes, tal vez el primero en señalar la democracia representativa como representación teatral. Es mejor para el poder tener espectadores que actores, ciudadanos activos y críticos. Empezaba a arraigar la idea de que lo democrático y las expectativas del pueblo se podían medir en audiencias mediáticas, televisivas, e índices de popularidad demoscópica, en lugar de en voto ciudadano.

Cuando ganó Felipe González su primera mayoría absoluta en las elecciones de octubre de 1982, pocas fechas después lo más granado de la política, las finanzas y la economía francesas organizó un sarao por todo lo alto en una bodega postinera de Jerez de la Frontera. Entre los asistentes, un hombre francés rico que sería más tarde ministro, diputado, eurodiputado y presidente de un club de fútbol del que no recuerdo su nombre, aunque ustedes lo deducirán. En un momento del festín, le preguntó a otro de los invitados, un andaluz afrancesado con posibles, del toro, criado personal y profesionalmente en la Camarga francesa, donde tenía arraigo familiar, que por eso estaba allí: «¿Tú estás con los socialistas?». El torero respondió: «No, mis ideas políticas son muy de derechas». «Pero, hombre —comentó el primero—, eso da igual, hay que estar con uno o con el otro, la ideología es secundaria. Unas veces gobernará uno, otras, el otro, pero se irán turnando y hay que estar ahí, en la arena del poder y de las oportunidades».

La Transición había cogido velocidad. Pocos años después, en 1988, se firmó el Convenio entre el Reino de España y los Estados Unidos de América que significaba la continuidad de los Acuerdos de Madrid, de 1953, que según los firmantes ponían fin al aislamiento de España. De las bases militares que quedaron, sus pueblos vecinos, Rota y Morón de la Frontera, se reafirmaron como *vici*, según el modelo romano de poblamientos dependientes en torno a los campamentos militares. De las expropiaciones y el cruel desarraigo cultural de sus gentes todo ha quedado en la literatura, la música y algo en la poesía.

Sobre la neutralidad, la paz y la soberanía, triunfó la geopolítica o más bien la *geodependencia*, el discurso utilitario sobre las oportunidades económicas para la gente de esos pueblos. Los cañones vencieron al melón, la calabaza, los tomates y la sandía; los datos de desempleo de esos municipios y sus alrededores, sin embargo, no se compadecen con el relato. En el nuevo paradigma, ya no importaba que el amigo americano hubiera apuntalado al dictador en 1953.

Y la OTAN. Con el referéndum del 12 de marzo de 1986 sobre la permanencia de España en la OTAN, en la que ya estábamos integrados desde finales de mayo de 1982, llegó el cambiazo. Con el tiempo pudimos comprobar no solo la incoherencia y el malabarismo político, en este caso del PSOE, sino el separatismo deliberadamente provocado entre los sectores progresistas, la falacia del discurso. Se produjo la gran escisión y un trágico desconsuelo. Tras la pantalla del Decálogo de Paz y Seguridad presentado por Felipe González en su discurso durante el debate sobre el estado de la nación de 1984, se escondía la intención de una incorporación plena a la organización atlántica. A pesar de todo, el apoyo abrumador en unas nuevas elecciones anticipadas darían toda la fuerza al Gobierno socialista. Una de esas falacias del discurso que más circulaba en los mentideros políticos consistía en afirmar que sin el trágala de la OTAN, no habríamos podido aspirar a entrar en las Comunidades Europeas, en enero de 1986.

Pero no era cierto. De hecho, Irlanda, Malta y Chipre no están en la Alianza Atlántica. Este último estado miembro de la UE tiene además la peculiaridad de contener en su territorio dos bases militares soberanas del Reino Unido, Acrotiri y Dhekelia. Es decir, un miembro de la UE con bases de un hoy estado tercero que es miembro de la Alianza Atlántica y ya no pertenece a la UE, dividido territorialmente por la invasión de otro estado miembro de la OTAN, Turquía. Algunos otros estados miembros, véanse Finlandia y Suecia, no se incorporaron hasta mucho tiempo después de su entrada en la UE.

No era verdad que para nuestra ansiada entrada en la entonces Comunidad Económica Europea, vulgo el mercado común, se exigiese ingresar antes o más tarde en la OTAN. Los Tratados antes, hoy el Tratado de Lisboa, dejan claro el respeto de la Unión a aquellos estados miembros que contemplen estrategias o alianzas de defensa y seguridad propias. Parecía más bien un pacto de sangre y como si una parte del pensamiento progresista no atlantista incomodase y le sobrase al recién instalado poder. No importaba la fractura de la izquierda, un poco de izquierda bastaba para la Transición.

Lo de las bases estadounidenses, su continuidad, su renovación, fue un acto más, algo parecido a los dichos de un largo ceremonial nupcial para acabar integrados plenamente en la organización atlántica. La incorporación fue faseada, repartidos los papeles y tiempos entre los protagonistas del bipartidismo, desde que el presidente del Gobierno Leopoldo Calvo-Sotelo, en su discurso de investidura, curiosamente dos días después del golpe del 23-F, anunciara su intención de solicitar el ingreso. El Gobierno de Felipe González cogería el relevo. Para entonces, mucha gente se iba al sofá directamente, no hacía falta que la empujaran.

El terrorismo de Estado también golpeó la moral de la ya suficientemente golpeada ciudadanía por la violencia de ETA y otros grupos terroristas del momento. Ese terrorismo de Estado salió a la luz de manera vergonzosa y conjunta con las primeras apariciones de casos graves de corrupción que, a la postre, acabarían también minando la reputación de Felipe González, lo cual condujo a la llegada del socio José María Aznar. Le tocaba.

En la eterna cuestión territorial, las movilizaciones andaluzas provocaron la ruptura del diseño inicial que copiaba la Constitución de la República integral de 1931 para solo conceder autogobierno amplio al País Vasco y Cataluña, las llamadas «nacionalidades históricas». Llegó el café para todos. Por aquellos tiempos, circulaba entre la atemorizada dirigencia socialista que Felipe González solo contemplaba para su Andalucía de origen una mancomunidad de diputaciones, pero la oportunidad de desgastar e incluso destronar a Adolfo Suárez y la UCD por sus errores con Andalucía no era una ocasión que pudiera despreciarse por parte de los estrategas socialistas.

El poder establecido desde hace siglos en los llamados territorios históricos, Cataluña y el País Vasco, sus burguesías y la progresía asimilada, sirvieron para apuntalar el bipartidismo, indulgentemente llamado por esas cosas imperfecto u ortopédico, con muletas. Ese tiempo, en el que el poder periférico de siempre se dejaba ver con siglas democráticas en el nuevo régimen democrático, es imposible de comprender sin el papel particular de Jordi Pujol, el *president*, que en sus días finales aún disfruta intocable de la amnistía impropia otorgada por el Estado, el profundo, a partir de su amenaza de zamarrear las ramas del árbol de su declarada y reconocida corrupción.

«Tranquilo, Jordi, tranquilo», fueron las palabras del monarca, Juan Carlos I, durante el golpe de Estado del 23-F. Con el tiempo, para asegurar la continuidad de la monarquía («Hay que matar al rey para salvar la monarquía», gritaban los puritanos ingleses), el monarca, autodeclarado honorífico, miembro de la familia real por ley, fruto de una operación vergonzante y no confesa de Estado, acabaría en un exilio igualmente impropio en Abu Dabi, una vez conocidas sus tropelías.

Un miembro, el primero del linaje restaurado, de la familia real, la overa de la monarquía, con residencia fiscal en un país dudosamente democrático, amparado en una lectura más que extensiva de su inviolabilidad constitucional por la nobleza de Estado, presente en las instituciones, muy particularmente en el poder judicial. El rey nunca muere, no hay muerte en la lógica dinástica, sino sucesión. El modo de reproducción de la monarquía es su modo de sucesión. La monarquía es inmortal, salmodian los monárquicos desde niños.

De los ajustes, finos o abruptos, de los caminos emprendidos o explorados para llegar a una democracia, siquiera convencional pero controlada, dan cuenta el golpe de Estado del 23-F, el de mayor teatralidad, y otros anteriores y posteriores no menos chuscos que siguen sin aclarar. El escándalo continuo de Estado se observa con mayor vigor en lo relativo al que fue el más teatral de todos, cuyos protagonistas estuvieron pronto en libertad y el instigador sigue en la oscuridad, amparado en el silencio de la *omertà* institucional. Para la crónica cómica del temido 23-F, la apertura de un noticiario de un país nórdico, cuando un periodista sueco informó de la entrada en el hemiciclo de la carrera de San Jerónimo de un individuo pistola en mano vestido de torero. Cosas de la Guardia Civil y sus castizos tocados. Los golpes, neutralizados, aclarados o no, surtieron su efecto constituyente, paralizante o menguante, aunque no un cambio, imposible, de régimen. La democracia española sigue cojeando y achacosa por la oscuridad sobre los verdaderos protagonistas de los golpes contra ella y sus objetivos.

Hubo que esperar hasta 2004 para que un presidente, luego acosado y azorado por una coyuntura económica grave, José Luis Rodríguez Zapatero, emprendiese alguna aventura que se aproximase a los anhelos de los demócratas más exigentes, incluso que se apartase de atlantismo sin condiciones de sus antecesores, Felipe González y José María Aznar, OTAN y guerra de Irak de por medio. La retirada de las tropas españolas de Irak no solo fue una decisión política, con la cierta carga de teatralidad en tiempos de oposición expresada en el desfile militar del 12 de Octubre, cuando Rodríguez Zapatero permaneció sentado ante el paso de la bandera estadounidense;

el presidente quería transitar por la OTAN a la francesa, se aventuraba a la impugnación del hermano mayor y a sus serviles aliados domésticos.

Tal vez con el fin del mandato de Rodríguez Zapatero, tras una atrevida singladura social en su primera legislatura y haber liderado el punto y final a ETA, de no haber sido por los contratiempos, pérdida de soberanía y cesiones por la grave crisis económica de 2008, se hubieran reunido las condiciones y la voluntad política para dar por cumplida la primera Transición o, al menos, para empezar a vislumbrar la posibilidad de que terminara y, con ello, el *statu quo* derivado del régimen de 1977 y así emprender nuevos retos democráticos.

El tiempo, inexorable juez de lo que fuimos, nos lo dirá. Desde luego lo que sí se está demostrando sin lugar a dudas es la inspiración común y el parentesco moral entre Felipe González y José María Aznar, su estirpe transicional, protagonistas principales de aquel tiempo. Tal vez por eso González se exhibe por los platós y redacciones expresando su ira contra la impugnación de su papel por su correligionario y sucesor.

No era solo el franquismo y sus albaceas. Desde la democracia griega, pasando por la emancipación estadounidense o la Revolución francesa, la resistencia a una democracia de verdad, es decir, en manos del pueblo, ha tenido sus protagonistas en los aristócratas; primero en los grandes propietarios, en otros tiempos, y en los nuestros, en el liberalismo burgués. España no iba a ser menos: para el Poder con mayúsculas, la democracia había que mantenerla a raya. El liberalismo, en todas sus versiones y vías, incluida la llamada tercera, allí donde se hace presente evita, trata de evitar la intervención de los pobres o simplemente de la mayoría trabajadora para que el poder esté siempre en manos de una clase especial.

Por otra parte, lo que vino no fue tan poderoso como para eliminar los restos, con vocación de vigilante perpetuidad, del franquismo. Materialmente, el franquismo era y es visible en la intrasustancia del poder judicial (el secreto ibérico), único poder no electo que se mantuvo intacto —de las leyes franquistas a las democráticas, sin despeinarse o incluso peinados—, en las Fuerzas Armadas, los cuerpos de seguridad del Estado, que apenas cambiaron excepto en el vestuario y en su inaugurada movilidad internacional y, desde luego, en el alto funcionariado del Estado.

Tampoco se eliminaron sus poderosos y eficaces aspectos simbólicos. Las mayorías progresistas, sus mayorías absolutas consecutivas, con mayor responsabilidad (al menos estéticamente y en el arraigo de una cultura democrática) que las mayorías de la derecha enraizada en el régimen anterior, no estuvieron dispuestas a desmontar el arsenal simbólico de la dictadura. Hubo que esperar mucho hasta que un Gobierno de coalición progresista, presidido por Pedro Sánchez, extrajera de su mausoleo del Valle de los Caídos los restos del general Francisco Franco y los de uno de sus generales más sanguinarios, Gonzalo Queipo de Llano, de la basílica de la Macarena de Sevilla. Gracias, en el segundo caso, al arrojo, responsabilidad institucional y respeto al Estado de derecho de su hermano mayor, José Antonio Fernández Cabrero, y no a los sucesivos gobiernos autónomos de Andalucía, que siempre evitaron enfrentarse o disociarse de la sociedad andaluza preconstitucional más rancia y tradicionalista. De hecho, Fernández Cabrero tuvo que enfrentarse en soledad aquella noche valiente con la familia del general virrey de Andalucía que exigía un funeral de Estado, armado solo de la razón democrática, galletas, medias noches —que, por cierto, se llevaron los familiares— y cafés. También tuvo que enfrentarse con la más recalcitrante oposición de una minoría de hermanos macarenos de filiación ultraderechista.

Con el paso de los años, empezó a hablarse de desafección y, con ella, llegó la abstención electoral masiva, sobre todo en las capas sociales más desfavorecidas y desamparadas. Mucha gente ya no solo observaba la política desde el sofá; ni se molestaba en ir a votar. La democracia liberal, la que vino, pierde el alma en las zonas y los barrios más pobres. Barrios gloriosos en el recuerdo de la lucha obrera por la democracia y que ocupan en nuestros días, desde décadas, los peores lugares en la clasificación de pobreza y desempleo; allí apenas vota más allá del 20 por ciento. Mientras, en los barrios más afortunados, se alcanzan cifras de participación por encima del 80 por ciento. La sociedad democrática está quizá irremediablemente jibarizada. A partir de 1976 vino el orden; hubo mucho orden en la llegada de la democracia que algunos temían por desordenada, pero poca aventura. La aventura de la democracia era tímida y tendría aún mucho que esperar.

4

Nos dominan con el engaño, no con la violencia

> Más que por la fuerza, nos dominan con el engaño.
>
> Simón Bolívar

Un periodista del Movimiento Nacional, Emilio Romero, dejó escrito y dicho: «La derecha gobierna para doscientas familias y eso no da para votos suficientes, por eso, para ganar unas elecciones, la derecha tiene que mentir». Sus palabras, que aún resuenan, hacen referencia a las derechas españolas; tienen el valor de proceder de un testigo presencial autorizado, además de tener un valor informativo y pedagógico nada despreciable.

El engaño, la mentira, los bulos no son solo una descomposición del periodismo y la política, es la harina del poder. Sin la mentira, la intoxicación de la palabra, del lenguaje público y democrático, el poder de las minorías opulentas es sencillamente imposible, y lo saben. Esas minorías no están solo engrosadas por aquellas doscientas familias de apellidos rimbombantes y compuestos a las que se refería Emilio Romero, que han jalonado y jalonan las gacetas y diarios oficiales del poder con monarquía, república, dictadura o democracia. En nuestros días, podemos hablar de una familia extensa, compuesta por esas doscientas familias más los grandes intereses corporativos, empresas de sectores estratégicos, energía, comunicación, agroindustria, el sector financiero, las empresas mediáticas, los cabildos o grupos de presión y, por supuesto, por la nobleza de Estado, compuesta por jueces, fiscales, militares, el alto clero, altos funcionarios y la nueva nobleza orgánica de los partidos políticos.

El bulo, la mentira por encargo, definitivamente se ha instalado en el debate público. Y lo curioso es que nadie parece darse por aludido, es más, los más destacados mentirosos se creen jinetes de la libertad de expresión y acusan, descargan, en las redes sociales, las nuevas tecnologías, los medios digitales o en la creación artística, la responsabilidad de estar en el origen de las mentiras y bulos.

No es así, como tampoco es nuevo que, desde el periodismo al servicio del poder, el inmediato o el prometedor, se mienta. Se trata de eso, de mentir. Otra cosa es el legítimo duelo entre idearios y opiniones, pero lo de ahora no es la guerra de plumas o la guerra de papel sostenidas de manera sana y constructiva por los doceañistas de la Constitución de Cádiz, como tampoco la gloriosa prensa satírica y caricaturesca de otros tiempos, no muy grata para los gobiernos del signo que fueren.

Una historia de engaño y manipulación sobresale por encima de casi todas las demás, sin que por eso merezca el título de ser la mentira fundacional. Corrían los primeros años del siglo XIX y José Bonaparte ya era rey de España tras la venta a Napoleón de la Corona española por los Borbones, Carlos IV, curiosamente llamado el Cazador, y Fernando VII, merecidamente, el rey felón; padre e hijo en aparente desacuerdo, algo recurrente en esa dinastía. A José I se referían los del partido patriota, los serviles, con el apelativo de «el Francés», como si los Bonaparte, corsos ellos, fueran más franceses que la propia dinastía reinante en España hasta entonces y, después, hasta nuestros días.

La prensa patriótica, las *gazetas*, se empeñaban en hacer su trabajo al servicio de la promesa de lo que había de venir o esperaban, es decir, Fernando VII, que ya había traicionado a su padre, Carlos IV. Cosas de esa familia. Ese periodismo patriotero acuñó el mote de Pepe Botella para un monarca, en realidad, poco monárquico, José Bonaparte. El mote traía razón de un hecho real aunque retorcido, es decir, que nació de la manipulación de hechos auténticos debidamente falseados. José Bonaparte lo que hizo, como gracia liberal, fue disponer medidas legales para la supresión del estanco de licores, aguardientes y resolís en beneficio del sector que, diríamos hoy, estaba en crisis.

El mote hizo fortuna, entre otras cosas por la insistencia en la mentira publicada, y así le acompañó a José I la fama de borracho durante su corto reinado y hasta nuestros días. Han pasado más de doscientos años y aún en la memoria y en los colegios se sigue llamando Pepe Botella al hermano de Napoleón. Pues bien, el monarca napoleónico no bebía, era abstemio.

Por su parte, el beneficiario de esas campañas, Fernando VII, una vez en el trono, acabó defecando en la libertad de imprenta de la Constitución de Cádiz de 1812, que había sido elaborada en su nombre, y algo más: el rey felón subcontrataría años después a los Cien Mil Hijos de San Luis para acabar en su reino con los tímidos intentos constitucionalistas del Trienio Liberal y la apertura de libertades. Es solo un ejemplo.

La libertad de expresión, de opinión, de imprenta son pilares de la democracia. En ellas descansa el ejercicio de otras libertades, pero también pueden ser artefactos del poder, de ahí la voracidad de los que lo detentan o aspiran a tenerlo, lanzados en una auténtica partida depredadora de medios de comunicación y, por supuesto, de periodistas. En consecuencia, se ha desatado un combate por el control de estos medios, por dominar la información y la opinión, cuyo objetivo es, además de controlarlos, convencer a la ciudadanía de que es su libertad de expresión la que está en peligro y que ellos, los depredadores, no son una amenaza, sino que vienen a salvarla.

La libertad de expresión, en efecto, sí está en peligro, pero a fuer de ser secuestrada, de ser extraída de la propia ciudadanía, mercantilizada y convertida en propiedad exclusiva de intereses políticos, ideológicos, religiosos o económicos. Incluso si se habla, si se debate sobre los límites a la libertad de expresión, se pone sobre la mesa la falacia de que se está en contra de ella.

En España, que casi nunca la hubo, a pesar de las buenas intenciones de la libertad de imprenta de la Constitución de 1812 y, poco antes, del Estatuto de Bayona, la Constitución de 1808, se consagró la libertad de expresión y de opinión en la Constitución de 1978. Su artículo 20 es claro, tanto que nadie debería dudar de que se trata de un derecho de la ciudadanía y no un derecho patrimonial de los medios, los periodistas, los dueños de la tinta o de las ondas. Se reconoce, dice el texto constitucional, el derecho a comunicar o recibir libremente información, junto con la libertad de expresar opiniones, presente en el mismo artículo. Sin embargo, no se detiene ahí el texto constitucional; le sigue la palabra «veraz». Quiere ello decir que el derecho a informar tiene como límite decir la verdad. Veraz, es decir, lo contrario de falso, mentiroso, embustero, mendaz y de todos esos antónimos que recoge el *Diccionario de la lengua española*.

De ello es fácil deducir que la importancia de la mentira y el bulo tienen que ver con que son armas necesarias para una mala praxis política, cuyo objetivo es la dominación de la opinión pública y alcanzar o mantener el poder de manera ilegítima o tumbar el legítimo, para lo que necesita la corrupción del lenguaje y pudrir el debate público como herramientas; ciertamente, el engaño y la mentira publicada se sitúan de forma abierta contra la Constitución.

Volvamos un momento a la historia para reconocer que la mentira y la corrupción del lenguaje han sido pilares básicos, primera y metódicamente, para la destrucción, la deshumanización del contrario, del adversario político; seguidamente y de manera continuada, para la idiotización de las masas populares; siempre con el engaño para, a la postre, facilitar el advenimiento de los totalitarismos, del populismo en todas sus versiones. El nombre de Joseph Goebbels queda para la mejor pedagogía de lo que ocurrió en la Alemania de Adolf Hitler, cuyo éxito estribó en la propia aceptación de sus mentiras por parte de los destinatarios, es decir, de los dominados.

No solo la mentira o el bulo más burdo; a medida que avanzábamos en el tiempo, el control de la información se hacía más patente y más sofisticado. Una de las maneras de control más eficaces es la centralización y unificación de la información. En cierto sentido, la forma de producir información centralizada, concentrada desde un mismo foco, se convierte en una suerte de nacionalismo mediático que pretende y consigue reducir todos los modos de información y su pluralismo. El mensaje político, la información, las agendas, las pautas y escaletas de radio y televisión se elaboran cada mañana, cada semana, en el centro político, en Madrid, y salen de manera procesada para el resto del estado con tímidas resistencias en las periferias más desarrolladas. Apenas admiten declinación.

Se trata de la unificación nacional del mercado de la información política a través de los medios de gran difusión, pero, sobre todo, gracias a la televisión. A esta manera de empobrecer la información se añade la conversión masiva de la política en espectáculo, transmitido por los medios y, consecuentemente, la conversión de la ciudadanía en simples espectadores de la desnaturalización de la política.

No tengo dudas de que, para la propia naturaleza de la información, su venta como mercancía, su procesamiento, su envasado, es insano, es lo contrario de la libertad periodística. Como ocurre con la alimentación, en la que los médicos nutricionistas sostienen que los alimentos procesados y las campañas que los publicitan son perjudiciales para la salud física, en la democracia, la información procesada, sobre todo cuando entre sus ingredientes hay elevadas dosis de mentiras y bulos, lo es para la salud democrática. La mentira, el engaño, funcionan como píldoras apenas perceptibles que, consumidas constantemente en la dieta informativa diaria, intoxican y corrompen el debate democrático público.

La mentira se ha convertido en una profesión, a sueldo, desde luego. No extraña que el lenguaje utilizado de manera corrompida, manipulado, cuente con profesionales esforzados y adiestrados en la disciplina. A veces, la noticia más atroz se manipula escondida en eufemismos, no porque la palabra ofenda sino porque manipulada, masajeada u ocultada ayuda a conseguir determinados fines. Con la mentira, el rumor, se construye una estrategia de manipulación clásica indudable. En *Enrique IV*, William Shakespeare introduce el personaje de Rumor, vestido con traje de lenguas pintadas. Su trabajo, entonces como hoy, consiste en poner en circulación habladurías, sospechas, recelos, conjeturas.

Con la corrupción de la palabra, la voz, la imagen, la lectura, se pudre y anula el pensamiento crítico del oyente, espectador o lector; la corrupción intencionada del lenguaje hace inviable un debate coherente. El lenguaje así concebido y contrahecho crea y llega a pensar por nosotros, adquiere vida propia. Basta con decir «sanchismo» o «coletas», de manera simple e insistente, para que se desencadene el efecto demoledor irracional pero muy eficaz y económico del odio y la animadversión. No se necesitan más palabras para provocar la reacción ante determinados mensajes, una reducción del pensamiento que tiene más que ver con el aparato digestivo que con el intelecto. Es la economía del discurso, la vagancia o pereza del mensaje, destinado a un público consumidor al que previamente se le ha recluido y desactivado en el sofá.

La degradación del debate, el contraste de ideas y la razón política, nos lleva a su brutalización. La palabra libremente expresada y reflexionada es víctima de la peste de la mentira a sueldo y los zafios bulos. No es producto, como hemos dicho, solo de la descomposición de un gremio, un error estratégico de determinada opción política o de la irrupción de descerebrados populistas en el mundo de la comunicación; es la verdadera intención de los enemigos de la democracia. En la Alemania republicana de Weimar, los nazis se jactaban abiertamente de aprovechar las vías abiertas por las libertades democráticas para destruir la propia democracia.

El vicio es tal que incluso si alguien expresa la verdad de manera casual e involuntaria, sale a la luz su torpeza por su falta de costumbre, ya que se admite que es portador habitual, profesional, de la mentira. En estos casos, esas verdades involuntarias se suelen disculpar como chistes o salidas cómicas, a las que la prensa afín pone risas enlatadas de fondo. Sin la verdad y transparencia no hay democracia, ambas son condición de la libertad.

Para que todo funcione hace falta, por descontado, alguien supremo que mueva los hilos del títere en que han convertido una buena parte del periodismo, alguien que coordine de manera sinfónica para potenciar sus efectos, un *bigman* en muchos casos determinante por su dominio del reparto de la tarta institucional de la publicidad. El periodismo desnaturalizado se mueve con el dinero, y este llega directamente o a través de la publicidad institucional masiva que nos hace dudar hasta del capital social real de determinadas empresas de comunicación. Es pago a las claras, la prensa *pagata*, tristemente famosa en los tiempos de la camorra napolitana; no necesita ocultarse, el poder se refina y se ampara en una idea falsa de libertad y comunicación libre.

El volumen de publicidad institucional pública en determinados medios que presumen de ser privados es de tal magnitud que, como en la educación, bien podrían clasificarse como medios concertados. No es solo la publicidad institucional, también la de anunciantes privados, amparada en la libertad de empresa y en la pujanza de un negocio, el de la publicidad, cada día más suculento. Las grandes cuentas publicitarias son capaces de alterar, incluso imponer, la línea editorial de cualquier medio de manera total o «a la carta», dependiendo del momento político. Imaginemos una enorme cuenta de publicidad repartida por los gigantes energéticos en los grandes medios a todo trapo bajo la forma de un encarte dominical —no es infrecuente—, mientras se produce un debate público sobre la moralidad corporativa, la fiscalidad o el respeto al medioambiente de esas mismas compañías.

A un gran bulo, por otra parte, televisado o radiado, puede sucederle inmediatamente un anuncio o una campaña publicitaria de una gran empresa junto con la noticia o dentro de ella, lo cual podría llevarnos a la conclusión de que lo están patrocinando, suscribiendo. Un caso claro es el de la ocupación ilegal de viviendas. Una vez convencida la audiencia de su existencia, narrada con ejemplos de populismo mediático, escrita la noticia o tertuliada de manera insistente y magnificada, la programación puede continuar con un anuncio de una compañía de seguros que ofrece pólizas contra la ocupación de casas. Todo un logro de la desfachatez.

El refinamiento va en aumento, la manipulación puede consistir simplemente en alterar el valor informativo de la agenda política del momento, jerarquizar de forma interesada cuando no ocultar una noticia, postergar o esconder información o llegar incluso a inventar o provocar noticias de impacto, generar estruendo, ruido, bullicio y confusión, para equilibrar o desactivar la atención de la ciudadanía o abiertamente privarla de su derecho constitucional a la información.

Aquella vieja imagen del crítico taurino que esperaba el sobre en la recepción del hotel de toreros ha dado paso a la figura, individual o colectiva, del gacetillero sobrecogedor, del mentiroso a sueldo que depende del sobre. Sin embargo, no se compra solo con dinero; se compran y venden influencias, la nueva moneda milagrosa de la corrupción, a la expectativa de contrapartidas muy elevadas en el mundo de los grandes negocios, en el momento en que se produzca la necesidad, la ocasión, sin cuantificar; un contrato de obligaciones de futuro y lealtades debidas, muy distante de la simple calderilla sobrecogedora.

Las influencias, justificadas y amparadas en un falso discurso del valor democrático de las audiencias, conforman alianzas estratégicas entre diversos actores, no siempre mediáticos, que tienen como objetivo desde la caída de un Gobierno a la eliminación, mediante el bulo o la infamia, de un adversario, sea ministro, consejero o concejal, incluso de un rival orgánico o empresarial.

Los intentos de regular ese derecho a la información veraz y la defensa ciudadana frente a prácticas periodísticas desviadas mediante, entre otras cosas, la exigencia de transparencia son tímidos, aunque la preocupación es de carácter global. La Unión Europea aprobó, para que hasta agosto de 2025 no sea de plena aplicación, una medida legislativa, un reglamento del Consejo Europeo y del Parlamento Europeo, los colegisladores, que establece un marco común europeo para exigir transparencia en los medios de comunicación, tanto respecto de la composición del capital de los dichos medios, sus dueños reales, como para conocer la publicidad concedida por las instituciones públicas de cualquier ámbito, una de las maneras demostrada más eficaz de corrupción mediática. Por su parte, en Alemania se ha abierto paso una iniciativa para reformar la Ley Fundamental de Bonn para dar más competencias al Tribunal Federal Constitucional en su defensa frente a las amenazas de la extrema derecha contra el Estado de derecho, reformas que siguen a la creación de una unidad de detección precoz con el objetivo de descubrir de manera temprana campañas de desinformación por parte de la derecha más radical.

En defensa de la veracidad y la honestidad en la información, se está desarrollando y abriendo paso una corriente de profesionales de la información en todos los países en prestigio de la profesión, una actividad vital para un sistema democrático sano, sin dejarse tentar ni por la corrupción ni, sobre todo, por el corporativismo. Tampoco por las amenazas reales del poder en contra de periodistas honestos. El 5.° Informe sobre el Estado de Derecho de la Comisión Europea de julio de 2024 señala cómo periodistas españoles honestos continúan acosados, haciendo frente a desafíos y amenazas de políticos con nombre y apellidos en el ejercicio de sus actividades profesionales.

Para el recuerdo, la dignidad periodística de los profesionales de *The Washington Post* en el caso Watergate, periódico que luce en su portada como blasón una frase demoledora: «Democracy Dies in Darkness». La democracia muere en la oscuridad.

De acuerdo con un nuevo diseño curricular, en las grandes escuelas del poder ya se enseña que este no se alcanza a tiros; se han sofisticado, estilizado. El autoritarismo cabalga a lomos de la democracia formal para utilizar todos sus recovecos. El trumpismo, el de Donald Trump y el de todas sus filiales europeas de la globalización de la mentira, es groseramente visible en nuestros días, pero las estrategias del poder llevan consistiendo en lo mismo desde hace décadas. La diferencia es que ahora es incluso un espectáculo que anestesia y hasta aparece como gracioso a los telespectadores y oyentes.

En realidad, reflexión que nos dejó George Orwell en la primera mitad del siglo XX, azorado por el auge de los totalitarismos de todo signo y el uso del engaño en la información, no hay controversia sobre la libertad de expresión: «la controversia es sobre si mentir es deseable o no en democracia». La fidelidad a los hechos es una obligación democrática y profesional, solo factible de ser socavada por la ignorancia, el sesgo o el engaño, al que, sostiene Orwell, todo observador es vulnerable, periodista o no, añadiría. Ahí está la honestidad intelectual del periodista: informar de lo que se ha visto, sin inventar hechos o imaginarse situaciones, sin ser cautivo de la propia ideología o de la del medio que lo contrata y expide su mandato laboral. Ese mandato laboral, la inestabilidad o precariedad, son una realidad que golpea la libertad de informar, pero también se convierte con frecuencia en una coartada personal, una disculpa, para el engaño, en un intento imposible de lavado de la mala conciencia. Para el gran pensador británico, el imperativo era y es pensar sin temor.

Concluye George Orwell de manera contundente: «El periodista no es libre —y es consciente de ello— cuando se ve obligado a escribir mentiras o a silenciar lo que parece una noticia de importancia; el redactor o editor que cree que opina libremente no es libre tampoco cuando tiene que falsificar sus verdaderas sensaciones subjetivas. Puede cambiar y caricaturizar la realidad para que su sentido sea más claro, pero no falsear el decorado de su imaginación». Estas reflexiones de principios del pasado siglo XX pueden verse hoy en día como ingenuas, pastoriles, cuando la mentira y el engaño lo han invadido todo y son una herramienta de corrupción de la política. George Orwell se sorprendería hoy de cómo mentir a sueldo se ha convertido en una profesión lucrativa carente de deontología alguna.

Pero, cómo llega la ciudadanía a ese estado psicológico, en qué condiciones llegan las personas a ser tan frágiles como para aceptar ser engañados a sabiendas, se preguntaba William Shakespeare en su monumental obra teatral. Sin duda que la aceptación de ese papel subordinado de los dominados, de sometimiento voluntario a los dominantes, de sentirse inferiores, es la clave de la descomposición o reducción de la democracia.

5

La resta

> Ata dos pájaros uno con otro. No podrán volar aun cuando ahora tengan cuatro alas.
>
> Proverbio sufí

Cuando llegó el 15 de mayo de 2011, a muchos les cogió de sorpresa; nadie lo esperaba por repentino y espontáneo, aunque parecía inevitable. Las protestas y otros movimientos similares se estaban esparciendo por todo el planeta a partir de la insatisfacción con la globalización y el orden impuesto por el neoliberalismo a través de las organizaciones transnacionales; la Batalla de Seattle o las manifestaciones de Washington y durante el Foro Social Mundial, así como otras que siguieron, tuvieron su réplica por doquier. La insatisfacción continuaba años después y a ella se unirían los movimientos de indignados en muchas regiones del planeta con sus versiones domésticas o nacionales. En cada lugar se trataba de dar respuesta a su propia situación; las primaveras árabes también mostraron cierto grado de parentesco con todas estas movilizaciones. Sin duda, la fuerza de las nuevas tecnologías de la comunicación, internet, las redes sociales, los microblogs, demostraron un dinamismo y una capacidad de convocatoria y de penetración que cogió desprevenido al mundo.

Cuando los indignados comenzaron a mostrar una cierta consistencia en España, se abandonó la idea de que pudiera tratarse tan solo de saltos juveniles, alternativos, y se empezó a tener la sensación de que todo aquello podía empujar al cambio. Años después, algunos observadores sostienen que poco o nada cambió tras el 15-M por ser un movimiento tan variopinto; sin embargo, aunque haya un cambio de ciclo, como parece, y se vea todo como muy lejano, quizá nuestras vidas se hayan transformado para siempre; queda mucho de lo bueno que aquello supuso.

En principio, los analistas y asesores creyeron que esas acampadas y sentadas no tendrían trascendencia, que era puro mimetismo repetitivo de lo que había ocurrido sobre todo en Estados Unidos; una moda, como los vaqueros, la hamburguesa o la música. Pero, en realidad, el discurso calaba y sembró la alarma; las reivindicaciones en España estaban cargadas con un relato que ponía en cuestión el régimen de 1977 y su superestructura, y empezó a ser considerado peligroso.

Después de décadas, muchos de los hijos, biológicos o ideológicos, de los que se habían recluido en sus sofás se cuestionaban casi todo; era una enmienda a la totalidad a la Transición, empezando por la forma de Estado, la monarquía. Circulaba una relación de asuntos pendientes que, lejos de solucionarse, con el tiempo se habían convertido en vicios estructurales de la rígida e inamovible Transición. La indignación de los acampados contenía una amplia relación de reivindicaciones que iban desde la exigencia de una división de poderes real a la denuncia de que el régimen anterior seguía agazapado en sus profundidades, en particular, el reducto judicial (para entonces el progreso científico había hecho un gran descubrimiento: la justicia no solo no era ciega, sino que veía ostensiblemente más con un ojo que con el otro). Mandaba un bipartidismo turnista que suponía un corsé para el pluralismo real, el neoliberalismo campeaba sin frenos, ponía en riesgo las conquistas sociales y mercantilizaba los derechos sociales, desde la salud a la educación y, singularmente, la vivienda; el poder detentado por las grandes corporaciones mercantiles e industriales parecía no tener límites, especialmente, la banca; la depredación del medioambiente era un hecho observable a simple vista.

Se contestaba con fuerza que la democracia liberal desplazara a las mujeres, a los jóvenes, a las minorías: machismo, patriarcado, gerontocracia, racismo. Además, con la crisis económica de 2008 y sus consecuencias, la austeridad propia y la resultante de las imposiciones de la Unión Europea, que sometían al Sur europeo a una disciplina dolorosa, económica, social y, a la vez, simbólicamente humillante, formaban un cóctel con gran capacidad explosiva.

A esas alturas de la Transición, su idea misma, mantenida durante casi treinta y cinco años, daba síntomas de debilidad y ello no tenía nada que ver con la crítica de ciertos movimientos de izquierda, era estructural. Los popes del régimen eran conscientes del agotamiento del modelo, pero no estaban dispuestos a reconocer, primero, que la arquitectura del sistema se hallaba en una fase aguda de deterioro de los materiales y que, en tanto que construidas con aluminosis preconstitucional, llegaban a su fin; segundo, tampoco iban a conceder que los eventuales cambios, en todo caso, no fueran sino el resultado de nuevos pactos, de consensos, de grandes coaliciones, pero con los mismos actores de antaño, es decir, cambios pilotados desde dentro del sistema. No había disposición a conceder nada que supusiese un cambio, menos aún una reforma constitucional o reconstituyente y, en todo caso, el objetivo pasaba por la conservación del reparto del poder de la Transición entre los mismos actores. No cabía dar una nueva mano de cartas.

En realidad, desde hacía tiempo, los observadores más perspicaces habían llegado a la conclusión de que la democracia y su administración reducida en forma bipartita estaba amorcillada en tablas, moría, pero no acababa de morir. Desde años antes al 15-M, se habían puesto en marcha operaciones de salvamento del *statu quo* de 1977, con carácter reservado, de manera muy discreta, a cencerro tapado. En los años previos, la nobleza de Estado había llegado a la conclusión de que incluso la monarquía necesitaba una puesta al día. La descomposición del reinado de Juan Carlos I era un hecho. Una cosa era que sus desviaciones y tropelías no llegaran a la ciudadanía, gracias a una prensa domesticada que siempre guardó silencio ante todo a pesar de que lo sabía todo, autocensurada, por miedo reverencial u obligada (como luego confesarían líderes del gremio de forma casi general), y otra muy distinta que los guardianes del régimen de 1977 no lo supieran, fueran conscientes y estuvieran valorando su alcance y consecuencias.

La poliarquía, el poder instalado durante siglos en España, del que la monarquía es solo su guinda pastelera, dejó de permanecer oculta a partir del 15-M y, al sentirse amenazada, comenzó a mostrarse en toda su crudeza y salir de lo profundo, tras llegar a la conclusión e imaginar la posibilidad de eclosión del que algunos estudiosos llamaron el «estado del malestar».

De ahí que se preparara la sucesión en la Corona, mucho antes de que un acontecimiento imprevisto, fuera de control, en abril de 2012 —la cacería de Botsuana de Juan Carlos I—, contribuyera a reforzar la idea de desmoronamiento y declive de la institución y provocase, solo dos años después, ante el imposible manejo y recomposición de su reputación, la abdicación del monarca que, además, era el jefe del linaje. El que la abdicación de Juan Carlos I, dirigida por él mismo como condición, fuera calificada de chapuza por los propios juristas de la corte, da idea de que se trataba de una operación de Estado.

En ese proceso de preparación de la reproducción de la monarquía desde dentro del núcleo mandarín de la Transición, que incluso sacrificaba a su cabeza simbólica, hay que situar la boda celebrada años antes entre el príncipe de Asturias y heredero de la Corona, Felipe de Borbón y Grecia, y una plebeya, Letizia Ortiz Rocasolano. Plebeya, clamaban despectivamente los cortesanos menos instruidos e ignorantes de las cosas de la monarquía. La Corona, para sobrevivir, siempre previene y nunca juega a los dados.

Hasta en la letra zeta onomástica de la futura reina creyó ver algo de modernidad la *intelligentsia* monárquica y sus voceros. El matrimonio real tal como fue concebido no era casual, en la teoría de la monarquía se conocen estos enlaces como estrategia profiláctica. En las monarquías clásicas, dolientes de su endogamia, se decidía que entrara de manera controlada —a veces sin control o desmadrada en el caso de la promiscuidad borbónica— sangre nueva y así se llevaban a cabo estrategias para la perpetuación del buen estado biológico de una dinastía, de la descendencia, clave en la lógica dinástica.

Pero son otros tiempos, no es que a la casa de Borbón no le viniera bien sangre nueva —solo hay que observar el álbum genealógico gráfico de familia hasta la actualidad—; es que en esta ocasión se quería ir mucho más allá. Los estrategas de la casa real llegaron a la conclusión de que para garantizar su continuidad era necesario, además, otra profilaxis, esta de carácter social, que permitiera a la ciudadanía ver a unos nuevos monarcas y sus descendientes más cerca; de ahí, la reconocida y consentida influencia en el matrimonio luego reinante, en un cálculo quirúrgico de los expertos en comunicación al servicio de la casa, de la princesa consorte, Letizia. La futura reina consorte podría engendrar reyes y reinas sanos, aunque nunca pasaría, llegado el hipotético caso, de titular constitucional de la regencia.

El 15-M irrumpe en pleno proceso no explicitado de recomposición ante la evidencia interna de un PSOE que empieza a dar muestras de obsolescencia y un PP atascado en sus giros ideológicos y en su propia ciénaga de corrupción, como años más tarde se pudo comprobar en la primera moción de censura constitucional exitosa de la historia. Una derecha con siglas que resultaba ineficiente para salvaguardar los intereses para los que fue creada por un grupo de ministros de Franco menos uno: los siete magníficos. José Luis Rodríguez Zapatero estaba acabando de forma abrupta un mandato que, en su primer ciclo, destacó por rupturista y progresista, luego descompuesto en su segunda etapa por su manejo de la gran crisis, en la que se vio obligado a claudicar frente a los halcones europeos y, forzado por esos halcones y por las élites conservadoras del PSOE, tener que pactar con el PP una reforma constitucional que venía impuesta. Para los más críticos, aquella reforma *nolens volens*, protagonizada por el rodillo del bipartito, fue un auténtico aquelarre y la mayor mancha del presidente socialista, que decidió, creo que consciente, no presentarse a la reelección.

La izquierda convencional empezaba a dar pruebas de estar agotada en contenidos, marchitada, con problemas de identidad, refugiada como mucho en sobreactuaciones más relacionadas con las apariencias que con su fondo. El pueblo ya tenía muy claro que la mano derecha del Estado era muy superior a su mano izquierda. La izquierda alternativa que empezó a surgir de aquellos momentos convulsos tendría tiempo para arrepentirse de no haber aprovechado la oportunidad y acabar también, como ocurriría en algunas de sus facciones, tras proverbiales escisiones, en una izquierda fulanista, domada y cuqui.

La fase decadente de la Transición era un hecho; desde los sectores conservadores moderados a los más nostálgicos de tiempos pretéritos, en muchas ocasiones coincidentes con sectores progresistas venidos a menos o puestos al día en la nueva inercia, se declaraban seguidores de una nueva idea de libertad sobre todas las cosas. En realidad, se trataba de un esnobismo procedente del libertarismo yanqui y no de la rica tradición libertaria española. Así, la libertad empieza a convertirse en una jerga ubicua confundida con el nihilismo. Con el tiempo, esa idea cuajaría paradójicamente en las orillas del mar de las sentadas originales del 15-M, en la Puerta del Sol, en la Real Casa de Correos, de infausto recuerdo para los demócratas, residencia política del libertarismo populista de Madrid.

Las convulsiones de los últimos años de una Transición amenazada habían permitido que bajase la gran marea democrática que, en un tiempo, ilusionó a tanta gente y dejar a la vista lo que ocultaba en su fondo debajo de un aparente mar azul turquesa. Con las aguas retiradas, con la bajamar, aparecieron los detritos de la Transición, y la gran marea baja dejó a la vista anclas oxidadas, barcas y yates hundidos, somieres, viejas lavadoras, escopetas de caza, máquinas de contar billetes, discos duros con señales de violencia, motos y algún casco, animales disecados, alguna chaqueta de pana... toda la basura acumulada de un tiempo que tuvo mucho que esconder. Salieron a la luz corrupciones transversales y algo peor: la corrupción política dentro de sus propias instituciones.

La escenografía de aquellas revueltas de 15-M extendidas por toda España era muy estética y complacía a los protagonistas que se quedaban solo en eso, sin haber entrado casi nunca en la profundidad de lo que denunciaban. En efecto, una cierta folclorización de aquellos encuentros escondía una verdad apenas reconocida. Las reivindicaciones se iban convirtiendo en pura coreografía, las manifestaciones y concentraciones acababan trivializando las reivindicaciones, con la idea de que solo con la teatralidad y la fiesta bastaba.

El temor desde el Gobierno, el Estado visible, empezó a desvanecerse y a tratar el asunto como una simple cuestión de orden público, eso sí, con un fuerte tratamiento policial, listas negras, el uso y abuso de la peligrosidad social de los tiempos tenebrosos, pero nada más. Se sentían satisfechos pensando que la insurrección era solo una *performance* juvenil a ritmo de tambores, *à la mode*, con su propio *outfit*, uno de los horrores lingüísticos del que podría haberse dolido, si hispanoparlante, un George Orwell siempre quejoso de la perversión de su idioma inglés; pasaba el tiempo y se manifestaba solo en eso. De hecho, no es de extrañar que, en el fondo, se consintiera la agitación, cuando no la animasen, seguros de que era tan solo una distracción, una válvula de desahogo. Eso pensaban.

La experiencia ajena más dramática en los ejemplos ultramarinos, incluso violentos, de similares movimientos, dejó claro con el tiempo que esos excesos aparentes se pactaban con el poder, incluso, en ocasiones, con la policía. Había antecedentes pintorescos: en las grandes movilizaciones estudiantiles de antaño, un personaje, que no era ni estudiante ni revolucionario, el Cojo Manteca, se hizo tan famoso que sirvió para que la habilidad de la comunicación orgánica obviara los logros evidentes de las movilizaciones estudiantiles para dejarlo todo en la escatología del espectáculo grosero de los destrozos. Quizá entonces nació una forma de glamour revolucionario, de estética y chovinismo juvenil que con el tiempo se quedaría ufano tan solo recluido en la red social.

En España, el movimiento atemorizaba cuando se mostraba puro, en su esencia, sin embargo, el miedo se esfumaba cuando no salía de la festivalización de sus contenidos. Ciertamente, lo que más inquietaba al Estado profundo (ese sí pensaba y no confiaba en que las estrategias policiales y mediáticas fueran suficientes) era la impugnación de la Transición; paradójicamente, las declaraciones públicas de los líderes de los indignados sobre esa impugnación total de la Transición no hicieron sino ayudar; fue una de las grandes trampas para no llegar a casi nada.

Los insurgentes se dejaron llevar por los líderes menos prácticos al cuestionar la Transición al completo, marcando distancias, incluso descalificantes, con los protagonistas de un tiempo que, si incompleto, fue de un gran valor y riesgo. Esa vieja idea de cada generación que cree que la historia empieza con ellos minó en parte sus propias energías, imposibilitó la unidad, las posibles y necesarias adhesiones y alianzas intergeneracionales y, de paso, dio la excusa a los agentes de lo profundo para pasar a la acción.

En el fondo era, o debería haber sido, un movimiento con perspectiva de clase, pero no, la mayoría de las reivindicaciones se centraron en las identidades y olvidaron que para el poder es más fácil destruir o asimilar identidades —que ya se encargan de tunear para hacerlas menos significativas— que el propio concepto de clase. Al mismo tiempo, de manera ingenua, los más motivados eran incapaces de comprender que los de abajo también podían ser fascistas y reaccionarios como la historia demuestra y seguirá demostrando.

Las nuevas izquierdas que podían surgir no quisieron ser conscientes, no previeron la poderosa estrategia del poder de los de arriba que, desde el siglo pasado, consistía simplemente en que sus potenciales rivales se dieran cuenta de su dependencia, de que se percataran de su carácter de estrictos y seducidos consumidores de su gran banquete. Los poderes pueden controlar el nivel salarial, ceder algo si hace falta, facilitar o dificultar sus ingresos, pero no hasta el punto de impedir que la clase más menesterosa y las medias se constituyan, se conformen y sean felices con ser solo activos consumidores. Y tomen cañas y botellines. No es solo que les convenga que haya un gran número de consumidores para la economía de sus negocios; es que al consumidor se le seduce mejor y acaba siendo un conservador, conservador miedoso de perder su nivel de consumo y, por consiguiente, en el principal aliado del *statu quo* del poder. Quizá olvidaron, a pesar de prolijas lecturas y experiencias académicas, que Henry Ford acabó convirtiendo a sus trabajadores en sus aliados doblándoles el salario, para que, de camino, se pudieran comprar uno de sus coches. En palabras de Pierre Bourdieu, en definitiva, una violencia estructural que ejerce el poder establecido contra los de abajo expresada en su capacidad de despedir, control de los salarios y manejo de la precariedad.

Dicho de otra manera, es difícil, por no decir imposible, hacer política para los de abajo cuando estos no se identifican como tales. Esa era o debió ser la primera tarea: ilustrar la propia reivindicación, seducir con ideas posibles. El barómetro de enero de 2024 del Centro de Investigaciones Sociológicas (CIS) ponía de manifiesto que ni más ni menos que el 42 por ciento de los encuestados se identificaba como de clase media, solo el 11,1 por ciento como clase trabajadora y, menos aún, el 3,4 por ciento, se consideraba pobre. Con esos datos de identificación subjetiva de clase, a pesar de los altos niveles de desempleo —sobre todo en los más jóvenes—, pobreza infantil y una tasa de pobreza salarial cabecera en Europa, según la Organización para la Cooperación y el Desarrollo Económico (OCDE), la batalla estaba previamente perdida o, dicho de otra forma, el neoliberalismo llevaba años de ventaja, había convencido a los trabajadores de que no lo eran.

El Informe de 2018 del Observatorio Social, de la poco sospechosa Fundación «la Caixa», deja claro que el 16 por ciento de los hogares con personas trabajadoras es pobre; el 34 por ciento de los hogares con menores a cargo y un trabajador está en situación de pobreza; el riesgo de pobreza laboral en casas donde viven jóvenes es del 21 por ciento y en los monoparentales femeninos, del 18 por ciento; todas las cifras, de las más altas de la UE.

Esa estrategia de convertir a la ciudadanía en solo consumidores sigue dando sus frutos cuando una buena parte de los de abajo, confirmado en sucesivas elecciones en todos los ámbitos, dejó de sentir antipatía por la burguesía y sus asimilados. Empezó a arraigar la idea largamente sembrada por una poderosa televisión de que ganar mucho dinero, acumular riqueza, la ostentación lujosa —incluso procedente de la corrupción o de profesiones y ocupaciones hasta el momento censurables, ilícitas— no era nada despreciable ni que mereciera reproche sino la expresión, vista con admiración y ganas de emulación, de gente lista y habilidosa. Ricos, guapos y poderosos, un estilo de vida que había que imitar, aunque desde sus posiciones los desposeídos nunca pudieran alcanzar. Los programas de televisión, también los canales públicos, en donde las vidas de los ricos se ponen de ejemplo y se convierten en un espectáculo, ejemplo de vida buena, han hecho y hacen su trabajo.

Al desconcierto se uniría luego el *procés*; las fechas elegidas por los dirigentes catalanes no eran casuales, y hasta Cataluña llegaba también el olor a sangre descompuesta. Creyeron ver la oportunidad de someter al Estado a una prueba de estrés, aunque a la postre serviría para vigorizar, dar una nueva vida al régimen de 1977 que, a su vez, puso en juego a las extremas derechas, formalizadas tras unas o varias siglas o activando su presencia en unas instituciones en las que llevaban décadas infiltradas.

Lo que al principio parecía el objetivo de un movimiento indignado que impugnaba el sistema y daba crédito a la idea de que las elecciones no sirven para cambiar la política, sino en todo caso para que cambien los políticos, no se abrió paso de forma total. Aquellos jóvenes, sus líderes, de pronto deciden no asaltar el cielo sino quedarse en el suelo, el terreno de juego de los que creían combatir; se sienten cómodos y algunos hasta muy bien. Así aparecen, se hacen frecuentes, presumidos y ufanos, se fortalecen en programas de radio y televisión, programas de variedades, tertulias. Importa la fama. Muchos de aquellos jóvenes de distintas procedencias y vocaciones profesionales ven la oportunidad y acaban convirtiéndose en partido político, les va muy bien en sus primeras elecciones, siembran el pánico. Y empieza la gran batalla de restar.

Norberto Bobbio nos enseñó que la democracia tenía que ser visible, pero, al mismo tiempo, también nos advirtió de que por debajo del poder visible hay un subgobierno en la penumbra y, aún por debajo de este, otro que actúa en la más perfecta oscuridad: el criptogobierno. Los jóvenes que habían dado el salto a la política, junto con otros menos jóvenes que se habían incorporado ilusionados como si a sus mortecinos lugares de origen, en donde eran residuos de opciones políticas fracasadas y minoritarias, hubiera llegado la suerte en el helicóptero del Tulipán, pronto comprenderían y saborearían la amargura de ser víctimas del actuar inclemente de esas profundidades del poder.

El arma del poder, en cualquiera de sus dimensiones o

ideologías, es siempre la división: debilitar, restar y restar hasta reducir el adversario a lo individual o a una camarilla de intereses. Paradójicamente, un gran invento como el móvil y las redes sociales acabarían individualizando la política, en muchas ocasiones hasta recluirla en el sofá. Tardaron muy poco una gran parte de los recién llegados a la prometedora política en regresar a sus orígenes, en borrarse de la revolución.

Las opciones políticas nuevas creadas para la ocasión por el poder invisible para poner en marcha la gran resta se convirtieron, por su parte, en una especie de agencias de colocación para incorporar todo tipo de activos. Políticos deambulantes frustrados de otras experiencias políticas, menesterosos de cargos, ministros frustrados, relegados o aspirantes a serlo, colmaron el escaparate hasta que, o bien acabaron recogidos por los partidos de siempre, o bien en chiringuitos creados ex profeso; otros montarían negocios y despachos a las faldas del agradecimiento por los servicios prestados o desaparecieron en un meritorio anonimato. Pocos resistieron.

Cuando los nuevos, los peludos y peludas, tocaron poder y se pudo vislumbrar la capacidad de influencia real de sus ideas, se desencadenaron los truenos contra ellos.

Y una vez contra ellos, contra todo lo que creían contaminable. En la estrategia profunda de debilitar, restar, se amplía el terreno de juego, no se achica, como diría el entrenador argentino de fútbol, César Luis Menotti, sino al contrario. El poder abrió el abanico, creó nuevos partidos, atrajo a los bárbaros y les dio tierras como en la decadencia de Roma, pensando en una estrategia ortopédica, bien para ayudar a los suyos, bien para debilitar a los peligrosos e imponer un nuevo relato con su propia disciplina de pactos. En definitiva, es otra vez el bipartidismo ideológico, da igual si imperfecto u ortopédico, adaptado a las nuevas necesidades del poder oculto. Cualquier alternativa u opción democrática que se atreviera a impugnar el *statu quo* sería combatida sin piedad con todas las herramientas existentes a disposición del poder o con los nuevos artefactos creados *ad hoc*.

Para entonces se pudo contemplar cómo ese poder invisible penetraba en los partidos de la Transición, movilizaba sus oblatos y viejas guardias crecidas a su sombra, las cuales habían sido regaladas, privilegiadas, con posiciones dominantes en el reparto del poder capitalino, de palco. Los sacerdotes y profetas de la Transición, algunos ya cardenales u obispos eméritos, serían llamados a filas para irrumpir en la vida pública y partidaria como zombis, con vitalidad azul, profesión de fe misionera conservadora y una agresividad inusitada.

El PSOE, que pretendió sacudirse y ser nuevo, sufrió incluso en sus entrañas orgánicas, como organización contaminable. Las luchas por el poder no obedecían solo a las habituales cuestiones internas; se dejaba entrever que poderes externos intervenían para que el partido fuera obediente y no se alejara del reparto de la Transición. Al principio, tras momentos bochornosos para su larga historia, el socialismo resistió las andanadas; en cierto sentido, se sintió también heredero del 15-M, aunque solo fuera para sobrevivir coyunturalmente en el campo de la izquierda. Sufrió, y aún sufre, sobre todo cuando se resiste a seguir la receta del poder profundo y decide que es posible o necesita caminar con los recién llegados; al mismo tiempo, al hacer una lectura distinta de la que se esperaba de ellos, después de haber dado su apoyo de Estado, leal para con el bipartidismo, a la aplicación del artículo 155 de la Constitución, ante los peligros sentidos por el poder procedentes de Cataluña, el PSOE se situó de lleno en la diana de todos los ataques.

El poder invisible no se conforma y va presentando

sus apuestas, envite tras envite, contra lo que considera una amenaza. Así, en una estrategia metódica, concienzuda e inteligente, encuentra las debilidades de sus potenciales enemigos y contempla cómo se convierten en aliados insospechados desde dentro de la propia médula del movimiento de indignados: empieza la división y el fulanismo.

Fruto de ello, las traiciones, las defecciones, la pérdida de identidad, la atomización de ofertas por las escisiones, se disparan. En todos los niveles: orgánico, municipal, autonómico, estatal. Entre los grupos fundacionales de la izquierda surgida del 15-M y entre sus primeros líderes, se desencadenan las hostilidades, descalificaciones, condenas al ostracismo —orgánico y hasta de tipo personal—, y así acaba derrochándose toda aquella energía renovadora de los inicios del movimiento.

¿Era inevitable? No lo sé, el tiempo lo dirá. Lo que sí está ante nuestros ojos es el gusto de los nuevos por los placeres de lo viejo. Un ministerio, aún sin competencias, el misterio del ministerio, una vicepresidencia, un plató, una moqueta, un puesto en una tertulia, se convierten en objetos materiales y fetiches de culto y, de camino, de trivialización de los objetivos. Sobre todo, lo desmoralizador es la percepción en los de abajo de que todos son iguales. Quizá la encuesta del CIS tenía razón: ni la izquierda se considera clase trabajadora. Una izquierda ingenua de botellines y magdalenas, otra cuqui a la última moda de todo, se abrían paso divididas ante la complacencia y seguridad de que estaban dominadas, que así eran inofensivas.

La política de restar estaba venciendo, ya no sumaba el heterogéneo componente del primer momento, la unidad de sus extravagantes fragmentos no era posible, el tiempo en los años posteriores lo demostraría. Mientras aquel proyecto inicial conseguía, cuando estaba unido, notables avances —en particular sociales—, se vislumbraba la mano izquierda del Estado; sin embargo, fracasaba fruto de sus escisiones, que lo alejaban de los grandes objetivos, aplazados cuando no se conseguían mayorías para ello. Todo estaba tranquilo, no era para tanto, quizá tan solo un poco de socialdemocracia con glamour, moda española y regional y relato postural revolucionario, pero buenas son tortas. Tal vez haya que preguntarse, conviene de manera autocrítica, como planteaba Murray Bookchin, en su caso referido a los marxistas, ¿por qué la izquierda alternativa es tan vulnerable a las traiciones?

En los sofás del espectáculo político, algunos de aquellos padres y madres, recluidos desde hace años, tuvieron que hacer sitio otra vez a sus hijos. No solo porque no tenían vivienda, también porque habían acabado agotados como sus padres.

6

El poder de la televisión y las tertulias: los «milituiteantes»

> Hoy, tal como está diseñada la televisión, es como tener un terrateniente en cada casa.
>
> Diego Cañamero,
> obrero del campo andaluz

Hasta bien entrados los años ochenta, no hubo más televisión en España que los dos canales de la pública. Las televisiones autonómicas fueron posibles a partir de 1983, cuando se aprobó el tercer canal que permitió que cada comunidad autónoma tuviera el suyo propio. Para la televisión privada hubo que esperar algo más, 1990, cuando comenzaron a emitir las primeras. Eso sí, todas, públicas o privadas, eran consideradas por ley un servicio audiovisual de interés general.

Para entonces, la televisión ya era el medio preferido por la gente para informarse. Las encuestas mostraban que siete de cada diez preguntados así lo expresaban, desplazando a la radio, reservada, digamos, para un público más selecto. Pero, sobre todo, la televisión desplazó irremediablemente a la prensa de papel, que ponía mucho de su parte en su carrera de desprestigio creciente con respecto a su credibilidad. Luego surgiría la posibilidad de informarse por internet a través de todas sus herramientas; no obstante la dura competencia de las redes sociales, la televisión sigue campeando a sus anchas.

Prueba del poder de la televisión es la intensa batalla que se libra por poseer, controlar, cadenas de televisión o incluso programas concretos, en muchos casos a través de un nuevo actor: las potentes productoras televisivas, en manos de grandes intereses, expertos profesionales y gurús que, en función de las necesidades de programación del cliente, de las necesidades de influencia o de fidelización ideológica, diseñan a la medida distintos formatos y gozan por ello de un mercado importante.

En las televisiones públicas el poder se ejerce a través del control político en los consejos de administración y/o parlamentos, con distintos mecanismos, más o menos legítimos en tanto que muy frecuentemente son susceptibles de desviación con respecto a sus objetivos marcados por ley; en las privadas, el poder está en sus consejos de administración o procede de las directrices de las participaciones relevantes en el capital social propietario y, últimamente, de la publicidad masiva que está condicionando la propia viabilidad económica de determinadas cadenas y por eso manda. Sin embargo, tanto en las televisiones públicas como en las privadas, se dan equilibrios endógenos, a veces en la oscuridad, de los que forman parte sindicatos, profesionales, productoras audiovisuales cruzadas o los intereses específicos de sus élites profesionales y sus servidumbres que sobrevuelan los instrumentos de control formales.

La televisión como objeto codiciado; no en vano disfruta de un público garantizado, aunque fluctuante, cautivo en la comodidad del sofá en donde engorda al mismo tiempo que se reduce la política al espacio político televisado. Ese espacio político forma parte de otro mayor, constituido por diversos actores: las instituciones públicas políticas y económicas, los partidos y sindicatos, patronales, grandes empresas y cabildos, organizaciones sociales; pero todo pasa principalmente por la televisión en la que se ven representados, sean sus programas políticos o no, debido a la permeabilidad social y vulnerabilidad de la audiencia tan entregada a las estrategias muy sibilinas de penetración, seducción e influencias.

La irrupción de los índices de audiencias como elemento configurativo del negocio audiovisual pervierte aún más lo que deberían ser ventajas del medio para la formación y educación democrática; se trata de una manera perversa ya asentada de medir la democracia y la opinión, en este caso opinión televisada, que pretende legitimar democráticamente el papel de la televisión contando telespectadores. Las empresas de medición, objeto también de vigilancia europea por su opacidad, forman parte de ese espacio. La frase «lo ha dicho la televisión», oída en cualquier corrillo, en la barra de un bar o la cola del mercado, se convierte así, para una sociedad ya atrapada, en cita de autoridad.

Una vez consolidada como elemento fundamental, la audiencia, comercializada, esgrimida o presumida, se erige en potente moneda para la compraventa de influencias, en tanto que parte crítica de la economía que se genera a través de la publicidad. Todo el entramado del negocio económico o político en su conjunto, así valorado, ejerce una presión descomunal sobre el periodismo y los periodistas, así como sobre la propia naturaleza del derecho a informar y recibir información veraz de la ciudadanía en una sociedad democrática.

Durante los años cincuenta, en aquellos países en donde la televisión empezaba, solo se pretendía educar, formar o entretener, hasta que pocos años después se descubrió su potencial de distracción, influencia y seducción en el ámbito de lo político. Mientras tanto, la televisión en España, en consonancia con el régimen que representaba en aquel tiempo, estaba al servicio del franquismo en lo puramente político, pero sobre todo en la construcción y transmisión de valores afectos a la ideología de la dictadura y de una cultura no democrática.

A partir de la llamada apertura, en España se percibió, se notó, otro aire. Este moderno medio de comunicación, la televisión, serviría para publicitar el nuevo tiempo, dar relevancia a sus protagonistas políticos entre los que se desarrolló una carrera por aparecer; ser guapos y que la televisión lo recalcase se convirtió en una poderosa herramienta electoral. Igualmente, la televisión serviría para mejorar las apariencias de todo el proceso político y social que se estaba llevando a cabo. En los momentos postreros del régimen ya se percibía esa fuerza, ya no servía el NODO, sin crédito popular; no en vano, Adolfo Suárez, luego presidente del Gobierno, considerado prócer de la democracia, sería director general de Radiodifusión y Televisión desde 1969 a 1973. Luego, ministro secretario general del Movimiento Nacional.

Con la nueva televisión llegaron las tertulias y los debates que no eran nuevos en democracia; en Estados Unidos, donde empezó todo, los *talk shows* funcionaban desde la segunda mitad del siglo XX; así que con la televisión ya sin censuras visibles en España también empezaron a importarse sus formatos políticos.

La verdad es que tanto la televisión en sí como el espacio político nuevo que se creaba, esa interacción siquiera emocional entre emisor y telespectador, fueron recibidos con entusiasmo. La gente, los telespectadores, de pronto, contemplaron y se sintieron protagonistas en otros mundos posibles. Espacios de debate o tertulias como *La clave* concentraron la atención política de profesionales y espectadores. Era como una reafirmación simbólica de que, por fin, éramos libres, podíamos expresarnos. Tras estas, digamos, tertulias de servicio público, vinieron las tertulias privadas, con otros intereses privados e intenciones más parciales y, desde luego, más sesgadas y sujetas a la propia corrupción del formato en su sentido democrático.

Cansados del descarrío contemporáneo de las televisiones y sus formatos políticos, los jóvenes que no vivieron aquellos primeros momentos idealizan aquellas sesudas tertulias, con sesudos participantes, ecuánime presentador y larguísimos razonamientos. Pero en un intento de comprender la televisión, su evolución, la novedad que suponía, su fuerza y capacidad de influencia, directa o sibilina, queda para el recuerdo que probablemente la edición de más fortuna, la más vista y comentada de *La clave*, dirigida por el maestro José Luis Balbín, fue aquella en la que una Lola Flores en plenitud nos metió a todos en el bolsillo secreto de su bata de cola. O aquel otro programa, *El mundo por montera*, también en TVE, en principio una tertulia literaria pero muy política, dirigida por Fernando Sánchez Dragó, en el que un dios, Fernando Arrabal, se alió con otro, el dios Baco, para batir juntos, milenarismo en estado puro, casi todo lo que había que batir entonces, sin que hubieran comenzado aún las guerras de audiencias.

Avanzado el tiempo, las tertulias, más las privadas, vinieron a rellenar un espacio político que se vaciaba. La decrepitud política había conseguido que lo que pasaba en el Congreso de los Diputados, menos aún en el Senado, no le interesara a nadie. Karl Marx ya dejó dicho que la representación política se había convertido en una especie de teatro de sombras, un teatro político en el Parlamento que ocultaba las verdaderas luchas y acuerdos que, en realidad, se desarrollaban en otros lugares y, en ocasiones, con otros protagonistas no electos. La gente llegó a esa misma conclusión en aquellos tiempos mortecinos y quizá prefirió asistir a las tertulias políticas televisadas, una versión escenográfica real pero un simulacro, otras sombras, pero, al fin y al cabo, un espectáculo.

Las tertulias tienen su ideario, por supuesto, otra cosa es el imaginario del público; tienen el ideario de la empresa propietaria de la cadena, el dueño de la tinta. Realmente, el pluralismo de las tertulias no es como en un Parlamento, es decir, el reflejo legitimado de unas elecciones, sino el resultado de una cierta manufacturación por razones de atractivo comercial, inclinación política, aun maquillada en busca de credibilidad o por obligación legal; por eso, entre otras cosas, la política no puede ser nunca substituida por la televisión. Le falta la legitimidad de unas urnas.

Se trata de un pluralismo televisivo ficticio, contrahecho, cuyo objetivo es darle a su ideario y objetivos empresariales apariencia de pluralismo, al fin y al cabo, las tertulias pertenecen a la parrilla de ofertas de la empresa, no son un fin en sí, y deben adaptarse como toda la programación de la cadena a sus estrategias de venta y manejo de influencias; no es de extrañar que, en la práctica, las empresas mediáticas se inspiren en ese viejo proverbio que, para mejor conveniencia y acaparamiento, invita a tender una mano por el suelo y otra por el cielo. Es decir, que lo importante es la cuenta de resultados, abarcar todo lo posible y si hay que pescar camuflados en el ingenuo caladero de la izquierda, aunque los intereses y el capital social esté en la suerte natural de la derecha, pues se pesca.

Las empresas mediáticas de televisión, también en este caso radiofónicas, aprovecharon el caudal de oportunidades que ofrecía una democracia que perdía atractivo. En realidad, no es que la ciudadanía no quisiera política, que añorara o se apuntara a la idiotez, a la no política; simplemente es que estaba aburrida de que la aburrieran. Entonces, los genios de la televisión dieron en una tecla que aún no se ha agotado: convertir la política en espectáculo, con todo, si era menester envuelto en programas de entretenimiento, enseñando a sus personajes más ridículos y populistas, la gandinga, las partes bajas y, llegado el caso, nobleza obliga, recurriendo a las peores artes del escándalo, el bulo y la manipulación.

Por otra parte, el nuevo espectáculo fue recibido de manera entusiasta por los políticos de todo orden. No le hicieron ascos, todos querían ser tertulianos, titulares o suplentes meritorios en periodos vacacionales; era una plataforma que garantizaba conocimiento público rápido con nula inversión y permitía, además, subir en el ascensor orgánico de sus partidos. Con el tiempo descubrimos que quizá era el único objetivo de algunos políticos, ya que muchos de ellos parecen haber preferido ser tertuliano a su función parlamentaria donde apenas eran visibles; una vez sacado el provecho a su exposición mediática, siguen en los platós ya retirados de la política o en activo, en plano menor o buscando una nueva oportunidad y, cómo no, algunas han descubierto su tardía faceta artística en el mundo del entretenimiento.

Sin embargo, la trivialidad de los mensajes a través de esas nuevas herramientas, en principio de divulgación democrática masiva, ha servido también para que los receptores, telespectadores, se conviertan como contrapartida en solo espectadores de la política, en muchas ocasiones en ciudadanos inactivos o más bien desactivados, solo asisten a su tertulia a oír a sus tertulianos preferidos, a sus friquis, con su bandera y bufandas, como los aficionados de su club de fútbol o cofradía, una vez cada semana o quince días y fiestas de guardar. El espectáculo político ha llevado en parte a la gente a la individualización política, de la que es difícil salir una vez acostumbrada al sofá. Era el riesgo de convertir la política en espectáculo, que la ciudadanía dejara de serlo y se convirtiera en simples espectadores.

Las tertulias, ya fenómeno político y, a la vez, producto barato para las televisiones, demuestran su gran utilidad en la medida en que no se muestran como la opinión editorial de las cadenas, no son sus calculados informativos; en una tertulia se puede decir algo distinto, inconveniente, sostener y mantener en el tiempo una estrategia concreta, hábilmente disfrazada de opinión ajena libre que de manera explícita no se quiere verbalizar. Ello gracias a la hábil conducción del moderador, la elección adecuada de los temas, la ocultación de otros que no convengan y la presencia del tertuliano exacto. Un ejemplo ciertamente despreciable podría ser aquel en el que la formalidad o libro de estilo de un informativo de una cadena hostil no pudo afirmar que la esposa del presidente del Gobierno, Begoña Gómez, era transexual, pero tampoco impedir que lo dijera alguien sin frenos en una tertulia, amparada en la libertad de expresión.

En ese ánimo de dar la apariencia de que, en realidad, el ingenuo espectador está asistiendo a un debate parlamentario, el mobiliario importa. La mayoría de los formatos están pensados para, de forma subliminal, simular que aquello es un hemiciclo, en donde el moderador es el presidente, el *speaker* de Westminster, y los participantes son parlamentarios que se sientan en bancadas opuestas separados entre derechas e izquierdas. Incluso si asisten políticos en activo, el debate transcurre como si unos defendieran al Gobierno y otros fueran la oposición, una sesión de control o moción de confianza o censura, en un simulacro de secundarios de lo que debería ocurrir en el Parlamento. En sus versiones más obscenas, las tertulias son a la política lo que el bombero torero a la tauromaquia.

Lo importante de una tertulia empieza con el propio proceso de selección de los participantes, por su formación, especialidad, devoción, fidelidad al ideario o manejabilidad. Se sale y se entra, es un espacio muy controlado. En las tertulias, se observa muy a las claras el papel desempeñado por el precariado periodístico. En la capital y corte, donde están las grandes compañías de comunicación, los periodistas no pueden vivir de sus insuficientes salarios, por eso, se ven obligados a vagar de tertulia en tertulia para poder sobrevivir o, en ciertos casos, para promocionar sus propios medios insertos en un mercado de instinto depredador. Dada la precariedad, es frecuente que la guerrilla tertuliana aparezca armada de argumentarios si es que dependen además de otras fidelidades. Esos tertulianos armados de nutritivos argumentarios, proporcionados muy de mañana desde sus terminales, acaban interpretando en el conjunto de tertulias a las que asisten una misma partitura, una sinfonía dirigida por el maestro de la banda.

Las tertulias —en ello reside también una de las perversiones de este formato—, al tener que recurrir las cadenas, principalmente, a colaboradores de proximidad, por razones económicas o de control, dificultan el pluralismo, pero afianzan el centralismo mediático. Se hable de lo que se hable, salvo invitación a un especialista ocasional, habitualmente de cámara, todos hablan de todo. *Tuttologos*, en la magistral definición del sociólogo francés Pierre Bourdieu.

El moderador lo puede todo, dirige y maneja los turnos, los tiempos, interrumpe a quien interesa, da paso a la publicidad, interviene para centrar los desvaríos, alarga o agota los temas cuando huele peligro o lo considera dosis suficiente. En realidad, el moderador, con pinganillo o sin él —lo segundo solo ocurre cuando coincide moderador y director—, es quien dirige la orquesta para interpretar la melodía que quiere que llegue a los espectadores; no se suele apartar de lo que está concienzudamente previsto con antelación en la escaleta. Los que desafinen, tarde o temprano, salvo que se considere que aportan audiencia, color, credibilidad a su falso pluralismo, acaban saliendo de la convocatoria. Los solos de autor están mal vistos.

Ya se sabe, con buenos sentimientos no se hace buena televisión, pero se gana audiencia. Las tertulias políticas, llamadas en su origen pomposamente cuasiparlamentarismo, vinieron para cubrir un hueco dejado por la mala política, pero a la postre se han convertido precisamente en sucedáneo o en política procesada, enlatada, con peligrosos aditivos, cuando no en charlotadas y, muchas de ellas, en armas de manipulación y distracción masiva.

Los hermanos ricos de las tertulias son los debates, en particular, cuando se producen en periodos electorales. Sostiene Ben Voth, especialista y profesor de comunicación política, que pertenecen al género del duelo, tratan de poner de relieve frente a los espectadores las habilidades intelectuales, las aptitudes mentales y las cualidades de liderazgo de los candidatos, su credibilidad. En las democracias con más solera, los debates son de larga tradición. Se cuenta que James Madison y James Monroe, padres de la democracia estadounidense, competidores por un escaño en el Senado por Virginia, convinieron en compartir gastos y recorrer todo su distrito electoral en un vagón, frecuentando tabernas y otros lugares menos decorosos, en un debate continuo. Ganó Madison, pero el impacto fue tal que, a las siguientes elecciones, ya sin Madison, ganó Monroe. Ambos acabaron siendo presidentes de Estados Unidos.

Pero entonces no había televisión. Ahora es otra cosa, los debates son también un espectáculo gracias a la televisión, cuyas cadenas, una vez conseguido uno de ellos para su programación, ceban el producto mercantilmente como si se tratara de un espectáculo más de variedades, un Grand Prix. Lamentablemente, los debates no son una obligación electoral, no son un derecho de los electores, hasta tal punto que, temerosos a veces de descubrir sus ineptitudes y capacidades, es frecuente que ciertos candidatos se nieguen a participar en estos encuentros.

Se considera que el primer gran debate del nuevo género fue el protagonizado por Richard Nixon y John F. Kennedy, en 1960. De todos los análisis sobre la influencia de aquel cara a cara en la elección final, me quedo con el que atribuye la mala prestación de Nixon a que luciera un traje demasiado claro y un maquillaje inapropiado. Sus propios asesores admitieron que la relación de Nixon con la cámara no fue amistosa y ello impidió llegar bien a los telespectadores. Había nacido un monstruo, era la banalización de la política.

En España, que llegó tarde a esa ampliación del espacio político a la que contribuía la televisión, tenían que aparecer necesariamente también sus protagonistas más inapropiados. Cuando se producen debates, singularmente en los más relevantes, los presidenciales, la suerte está contrahecha previamente. Horas, quizá días antes, ya están escritos los editoriales que declaran su ganador, se anuncian como profecía las repercusiones del debate en el panorama electoral; sondeos y encuestas de todo tipo tratan de influir en la percepción de la cómoda ciudadanía que espera confiada un debate serio y aclaratorio recluida en su sofá. Esos días, en los momentos clave desde el punto de vista de la comunicación política, los depredadores de la democracia se emplean a fondo en la intoxicación de uno u otro bando, adelantando sus preferencias.

En los posdebates, o incluso en tiempo real, la lucha por influir se plantea con crudeza para imponer la propia visión de lo que ha pasado o pasa, y así entramos en el territorio de los politólogos, los únicos árbitros con pretensiones científicas. Muchos de los expertos habían estado, hasta la llegada de la televisión política, en un segundo plano en sus departamentos y seminarios universitarios; muchos siguen en la academia, pero algunos de ellos ya nunca volverán o lo harán a medias.

Curiosamente, la palabra «politólogo» apareció por primera vez en Francia en los últimos sesenta, una creación de la propia televisión, fruto de la necesidad, ya que tuvo que encontrar un nombre para aquellos expertos, cada día más numerosos, especialistas en comentar los datos demoscópicos electorales, distintos de los periodistas y de los políticos propiamente dichos. Hoy, en España ser politólogo se ha convertido en una actividad muy demandada en los medios.

La publicación casi en tiempo real de los resultados de sondeos y encuestas de los debates dejan la disputada percepción del ciudadano inerme, con la sola defensa de sus propios ojos y oídos, más el tenue eco del poco periodismo independiente y la red social, competidora y odiada, tal vez por delatora de las interioridades del negocio periodístico. El grueso del periodismo considera esta manifestación regular de la fiesta de la democracia un auténtico banquete de excesos, un cardumen fácil. Por descontado que entre todo lo que se ofrece en televisión, hay falsos debates, falsas tertulias, falsos expertos, en definitiva, un trampantojo de información y opinión.

Los sondeos, en particular los falsos, están muy empotrados en la manera de hacer televisión política, son como una nueva plaga que interviene como actor principal en el debate democrático. Se publican toda clase de encuestas —otra cosa son las reservadas, internas, que, quizá por eso, no se publican— en cualquier momento, todas por encargo y aires de cientificidad.

Empecemos por las que recogen tablas de clasificación de los candidatos más valorados. Su publicación y difusión mediante atractivas infografías son una de las estrellas en la televisión política. En realidad, pretenden intervenir, lanzando políticos o hundiéndolos. Para la reflexión queda que en los últimos años todos los políticos que han encabezado las citadas clasificaciones como más valorados, o se han retirado o los han retirado expeditivamente sus partidos o las urnas, o se han integrado en formaciones políticas cercanas. En Francia, cuya prensa goza de una mayor tradición democrática, un redactor jefe de política de uno de sus medios más prestigiosos, *Le Monde*, se negó a publicar por ética estas clasificaciones de valoración de políticos. Argumentaba que le parecía degradante transformar la política en una carrera de caballos.

Las encuestas, tal como están siendo utilizadas, se consideran por los que las encargan y publican una expresión más, legítima, de la opinión pública; en estos casos, diríamos, no solo opinión publicada sino opinión cocinada con recetas y fórmulas desconocidas, incluso recurriendo a la brujería, la adivinación o la meteorología política; de otra forma es imposible entender lo que dicen.

En realidad, los medios han convertido la demoscopia publicada en un instrumento para legitimar la opinión de un medio o de sus periodistas, las políticas de un Gobierno o las críticas de la oposición, no solo para rellenar ampliamente contenidos que den audiencia y difusión, en la medida en que tienen una gran capacidad de réplica repetitiva. En el caso de los sondeos públicos, el CIS, de carácter público, es muy controvertido. De todas maneras, sus oleadas parecen existir para divertir en el gran espectáculo; sin embargo, la pertinencia científica del trabajo de sus profesionales está fuera de duda. Cuando un medio encarga una encuesta —es frecuente que se hagan en la misma redacción— lo hace a la medida, a empresas de confianza, de sastrería, en la seguridad y creencia de que los resultados apoyarán su propia línea editorial y estrategia de comunicación. Tan es así que algunos de los medios incluso editorializan antes o después de conocer los resultados. En cualquier caso, sean públicas o privadas, el acertar o no es irrelevante, no desencadena responsabilidad alguna, si acaso un cambio de cliente o de chef con más creatividad coquinaria. El objetivo es la encuesta en sí misma.

A partir de que se dispone de los resultados y se han digerido según la dieta ya prescrita, el periodista se siente legitimado al interpelar a un político, ya no tanto por lo que piensa o pretende, sino por lo que dice la encuesta que, en definitiva, es lo que dice el pueblo, sostienen. El presentador periodista está convencido de que su legitimidad demoscópica está al mismo nivel que la legitimidad democrática de un político electo. Las encuestas se convierten en balas trazadoras del devenir de toda una legislatura, sea para el Gobierno o para la oposición.

Los más críticos aseguran que los sondeos de opinión son una acción política más, en manos de los que las encargan y publican, cuya función principal es imponer la ilusión de que existe la opinión pública. Claro está que en una democracia reducida cuentan los que contestan, a pesar de la perplejidad que producen ciertas preguntas, y no los que mayoritariamente no contestan y su opinión que, en el peor de los casos, la reservan para la abstención, negándose a participar en el circo demoscópico. La demoscopia es una ventana que vende, se asoma y abre en nuestras casas y pretende, a veces con éxito, conformar voluntades, destacar e imponer lo que hay que hablar y decidir y restar trascendencia a los problemas reales de los más desafortunados y las minorías. Reducen el espacio democrático a su trabajo de campo por encargo.

Tertulias, debates, sondeos, a través de la masiva influencia de la televisión, crean una burbuja con apariencia de totalidad; no es la sociedad democrática en su conjunto, pero sí es suficientemente significativa para ser controlada. Ya hace mucho que el sistema democrático excluyó a los que no les interesa. La política manejada desde los expertos no pierde el tiempo en seducir a los que creen que nunca los votarán, van a por los indecisos. Los gurús tienen una visión jibarizada de la democracia que, cuando es tenida en cuenta por los políticos adictos a la demoscopia, hace que esta se empobrezca. En realidad, profesionalmente, a lo que aspiran es a acertar, como si se tratase de una quiniela, y así renovar y ampliar sus contratos. Cuanto más se achique el espacio, más posibilidades; en ningún caso su intención es mejorar el debate público. La población víctima de esta manera de entender la política sufre la marginalidad política; pobres o ricos muy ricos no cuentan, pero, a su vez, en revancha, los condenados condenan la democracia a la indiferencia y a su expresión más desafiante, la creciente abstención, con papeleta o sencillamente no compareciendo.

La burbuja televisiva y su némesis, las redes sociales, ese nuevo espacio político público, han creado nuevos perfiles de activismo político: el más destacado, el «militeante». No es el único, la interacción con la televisión y la ciberpolítica cuentan desde hace tiempo con animadores con pompón, son los grupis de sus líderes, con similitudes destacables con las conocidas como esposas de ruta. En todos los actos, mítines, visitas, marchas, manifestaciones, te encontrarás como en la Roma republicana con los *adsectatores*, seguidores incondicionales allá donde vayan el líder o el partido. Forman un conjunto de nueva militancia que algún parentesco tienen con las monjas o monjes casados solo con su nuevo dios.

El milituiteante es la encarnación más importante del nuevo tiempo, una creación singularmente de las tertulias televisivas y de las redes sociales. Están al acecho, interactúan en tiempo real, lo ven todo, lo comentan todo, predican, pontifican, adulan u odian, hacen listas, señalan al hereje, examinan, condenan y reparten carnés de pureza de lo que sea. Es muy frecuente que sean, a la vez, animadores y grupis. Desarrollan su militancia en el sofá. Tanto que puede ocurrir que dos destacados milituiteantes de una misma congregación vivan en pisos con balcones contiguos y ni siquiera se conozcan entre ellos en persona; solo saben el uno del otro y todos de ellos en su particular burbuja: un éxito. Algo diferente del milituiteante es el francotirador profesional. El primero suele ser solo voluntarioso e individual (una especie de paco en su pozo de lobo u oculto tras la chumbera, como los temidos guerrilleros de la guerra del Rif, que solo defendían su cosecha); el francotirador profesional, sin embargo, está armado con las mejores tecnologías, mirilla de precisión, camuflado; con apariencias de soldado irregular, pertenece a la vieja categoría de los *apparátchiks* del partido, despliega en la red social su instinto de asesino a sueldo. Definitivamente, a la televisión hay que reconocerle su éxito a la hora de recluir a la política en la comodidad del sofá, que es lo mismo que decir que ha conseguido, para conveniencia del poder, aislar e individualizar a la ciudadanía.

Un jueves santo visité a Juan Manuel Sánchez Gordillo en su casa de Marinaleda, en donde resiste aquejado de una dura enfermedad. Representó en su día una manera de hacer política directa, cerca de sus conciudadanos, municipalista, que causó asombro —también rechazo— dentro y allende las fronteras y que, de momento, no ha sido superada en su pueblo. En la salita de su casa estaban otros de sus compañeros históricos de lucha política y sindical. Todos coincidían en que estaban perdiendo la batalla: «Ya pocos van a las asambleas, no nos reunimos, nos limitamos a una relación en la distancia, congregados a lo sumo en tiempos electorales. La televisión y las redes sociales nos han derrotado».

Uno de los presentes era Diego Cañamero. Fue secretario general del Sindicato de Obreros del Campo de Andalucía (SOC) y, pasados los años, diputado en el Congreso de los Diputados. Hace mucho de esto, le hizo una entrevista Jesús Quintero, el Loco de la Colina. «¿Tú crees que la televisión hace esclavos?», preguntó Quintero. Diego Cañamero respondió: «Evidentemente, hoy, tal como está diseñada la televisión, es como tener un terrateniente en cada casa».

7

Dar de comer a los gordos

> Tires por donde tires, te encuentras con Ramire.
>
> Dicho del barrio de la Feria, Sevilla

En junio de 2024, un despacho de la Oficina de Información del Gobierno de Gibraltar anunciaba que el ministro principal del Peñón, Fabian Picardo, había ofrecido un almuerzo y recepción al consejo de administración de Boluda Corporación Marítima, en el número 6 de Convent Place, sede del Gobierno de la Roca.

El motivo era celebrar la inversión de Boluda Towage, empresa naviera española, en Gibraltar y el lanzamiento de su nuevo remolcador, el VB Responder. Entre los agasajados estaba Vicente Boluda Fos (el único del que he oído decir que podría hacerle sombra a Florentino Pérez al frente del Real Madrid) y el expresidente del Gobierno español y ex secretario general del PSOE, Felipe González, en su condición de consejero independiente del consejo de administración de la citada compañía.

Hace años, cuando Felipe González ascendió a la presidencia del Gobierno, en 1982, en su primer discurso en el Congreso de los Diputados, revestido del inmenso poder obtenido en las urnas, pronunció una encendida defensa de la españolidad de Gibraltar: «La situación colonial de Gibraltar —dijo— atenta a la integridad del territorio nacional y menoscaba la posición internacional y estratégica de España». Además, hacía público de manera solemne su «propósito de reintegrar Gibraltar en el territorio nacional».

Aquellas palabras de enérgico patriotismo fueron invocadas tiempos después por el que fuera ministro de Asuntos Exteriores, José Manuel García-Margallo, cuando en la legislatura que presidió Mariano Rajoy hubo problemas con el Gobierno gibraltareño. García-Margallo es un reconocido nacionalista del Partido Popular, obsesionado con ver ondear la bandera de España en lo alto del Peñón. Sin embargo, aquella soflama de 1982 no fue inconveniente para que años después, el 12 de junio de 1985, Felipe González firmara en el Palacio Real de Madrid el Acta de Adhesión del Reino de España a las entonces Comunidades Europeas. En dicho tratado, se aceptaba por parte de España el estatus de Gibraltar, recogido concretamente en el artículo 299 del Tratado constitutivo de la Comunidad Europea, como «territorio europeo cuyas relaciones exteriores asuma un Estado miembro», Estado miembro que no era otro que el Reino Unido. Por descontado que el acuerdo se vio jalonado, según la almibarada costumbre diplomática, de canjes de notas entre ambos reinos, que eran frecuentes desde tiempos de Fernando María Castiella, ministro franquista de Asuntos Exteriores, destacado protagonista de las reclamaciones de soberanía española, en los que las partes dejaban intactas sus posiciones históricas.

Pero ¿qué hacía Felipe González en Gibraltar en plenas negociaciones sobre el nuevo estatus gibraltareño en la UE tras el Brexit, aplazadas solo por un adelanto electoral en el Reino Unido? ¿En qué condición? Estaba claro que no era en apoyo de las posiciones negociadoras del Gobierno español; estaba en la Roca en interés propio como consejero de Boluda Corporación Marítima.

Es decir, en su condición de gordo. Ser gordo es una condición que ostentan tanto personalidades como instituciones. Están al servicio o pertenecen a la nobleza de Estado; son una especie de milicia, movilizada cuando la situación lo requiere, permanentemente en estado latente aunque siempre disponibles, sin que ni siquiera se vean afectados por la jubilación. Su tarea, sin menoscabo de su carácter lucrativo (no son cooperantes), es abierta, para lo que sea menester, con licencia para actuar en interés privado sin que ello sea incompatible con su misión más elevada. En cierto sentido son irregulares. Crecidos a la sombra y al sol que más calienta del poder, se consideran los secretos o no tan secretos pilares del sistema. Su papel principal es garantizar que no se produzcan desórdenes en lo que ellos o sus mayores consideren el orden y la estabilidad del sistema, frente a las amenazas izquierdistas, separatistas o simplemente opuestas al interés de los mandarines del régimen. Cualquier avance de la mano izquierda del Estado, el progreso de las políticas públicas, en particular, las sociales, la fiscalidad progresiva, la protección de los consumidores, del medioambiente, la lucha contra el cambio climático, son gatillos que disparan las alertas; los gordos intervienen, además, en el fomento de tendencias y estados de opinión, por ejemplo, en la defensa de la energía nuclear, de la cultura de defensa o los negacionismos selectivos, y si fueran requeridos, no dudan en activarse para blanquear a la extrema derecha por si hiciera falta apoyarse en ella para mantener el control de la situación. Entre los primeros en la lista de gordos figuran los expolíticos de alto rango; son giróvagos beneficiarios de las puertas giratorias integrados en grandes empresas, cabildos y grupos de presión de todo tipo: económicos, energéticos, banqueros, financieros, armamentísticos, políticos...

Su existencia se fundamenta en la idea profunda de que los gobiernos pueden ser prescindibles, no solo influenciables, y que mediante la presión y una cierta seducción se puede influir, manipular y hasta substituir a los gobernantes y legisladores convirtiéndolos en meros empleados. Es decir, su arrogancia los lleva a pensar que, sin ellos, un Gobierno legítimo puede ser peligroso. Son una fuerza o milicia manifiestamente visible de los criptogobiernos o gobiernos ocultos y, en tiempos recientes, no han tenido empacho en alistarse en la internacional o globalización del autoritarismo libertario o, en su versión más ligera, en un ultraliberalismo que pretende que sus intereses salten por encima de las urnas.

Actualmente hay en España más de una treintena, entre expresidentes y exministros, colocados en empresas cotizadas del máximo nivel de sectores sobre todo energéticos, eléctricos y gasísticos, transporte, banca, industria de la guerra, comunicaciones..., contando solo las más importantes. Los gordos están dedicados al cabildeo, a la eliminación de obstáculos para sus negocios, a la facilitación u obtención de ventajas, las propias de sus influencias, pero en ciertas ocasiones no dudan en ponerse a la sombra de la ilicitud. También practican el blanqueo de lo que convenga, político o ideático. No menguan ni desaparecen; en todo caso, su peso permanece constante, y otros toman su lugar en caso de bajas, como los *ktub* de la mitología árabe. Y no, no son los pilares secretos del universo.

La expresión «dar de comer a los gordos» procede de una metáfora deportiva, en este caso del rugby, surgida de la inteligencia descriptiva de un narrador televisivo, Edu Téllez. Los gordos son la delantera, la fuerza de choque, los ocho que ganan los partidos, puestos en juego por un fino o grosero estilista de la estrategia política, el organizador, el medio melé. Pueden activarse con un simple susurro, el que pueda hacer que haga o, más rudamente, con un embrutecido «a por ellos». No se sabe a ciencia cierta quién es el medio melé que alimenta, surte, arenga a los gordos de esta historia, pero sí sabemos quiénes son algunos de esos gordos: beneficiarios de las puertas giratorias, jueces, fiscales, altos funcionarios, abogados del Estado, policías patrióticos, el alto clero, organizaciones empresariales, agencias de clasificación, gobernadores del Banco de España, empresas del IBEX, cabildos energéticos, compañías de comunicación, todos convocados para la defensa de intereses metademocráticos. Si tomamos distancia de la metáfora deportiva, podríamos acercarnos a la mitología asiática para imaginarnos otro símil, el de los tigres annamitas que rigen los rumbos del espacio. Sobre los cuatro tigres cardinales —los gordos, en este caso, son cuatro—, está el tigre amarillo de Annam, el que todo lo gobierna.

Sabemos que son insaciables. Mantener una buena delantera cuesta; los gordos comen y beben mucho, facturan y viajan en jet, hay que tenerlos contentos. En la mayoría de los casos apenas percibimos su presencia, pero en un despliegue de cinismo no tienen reparo en aparecer abusando de su notoriedad pasada en platós televisivos o aprovechar lucrativas ventanas académicas o mediáticas para pronunciar conferencias, conceder entrevistas, escribir columnas admonitorias o susurrar líneas editoriales. Sin que sea necesariamente una clasificación jerárquica —vale otra cualquiera, caprichosa o fantástica, al estilo de las clasificaciones de Jorge Luis Borges—, una buena delantera la forman, junto con los ya referidos, los juristas de la corte, camarilla compuesta por jueces, fiscales, abogados del Estado y toda suerte de profesionales jurídicos.

Quizá el caso más significativo en el que se ha podido observar el despliegue de los tigres cardinales, a las claras, sin pudor, por explicativo, es el juicio en el caso de corrupción que afectó a Iñaki Urdangarin. Un enorme despliegue, con control, creatividad e imaginación mediática, bajo la apariencia de la corrección procesal y la idea de castigo ejemplar, pero, al mismo tiempo, un simulacro de lo que había pasado realmente, a la par que un intento sedante a manera de adormidera para un pueblo atónito. Los gordos se emplearon a fondo para que a la ciudadanía le llegara la idea de que hasta el yerno del rey podía ir a la cárcel, pero no, se trató de una enorme operación de encubrimiento.

Un juez, José Castro Aragón, instructor del caso Nóos —así se llamó el proceso que acabó sentando en el banquillo a Iñaki Urdangarin y a Cristina de Borbón, hija del rey Juan Carlos I—, lo explicó: «Cómo es posible que seamos todos iguales ante la ley (palabras del propio monarca en su discurso de Navidad) y uno, no», se preguntaba. En la instrucción del caso se sabía que todo tenía que haber sido urdido por otro, que formaba parte de una actuación sistémica, una manera de actuar bien engrasada. Pero ante la imposibilidad de probarlo, el nombre que más aparecía en la instrucción no podía ser citado ni siquiera a declarar, amparado por una interpretación extensiva de la inviolabilidad del jefe del Estado. Un tiempo después, el Ministerio Fiscal acabaría con cualquier posibilidad de aclarar la fortuna del monarca y su origen, esgrimiendo, de nuevo, la inviolabilidad. Si no se incluye aquí al Centro Nacional de Inteligencia (CNI) entre los gordos, no es porque alguno de sus miembros no merezca ser considerado un gordo más, sino porque su actuación, mal que pese, es propia de las cloacas del sub-Gobierno, es su tarea con dispensa y confianza del sistema democrático que, no obstante, con frecuencia desprecian amparados en el secreto oficial.

Esos mismos juristas de la corte, ante la avalancha de casos que afectaban a Juan Carlos I, antes y después de su abdicación, se conjuraron con todas las herramientas disponibles para hacer una interpretación de la inviolabilidad, recogida en la Constitución, de manera tan extensiva que no solo se salía de la literalidad y la voluntad del legislador constituyente, sino que no cabía siquiera en las normas internacionales sobre privilegios e inmunidades de jefes y ex jefes de Estado que solo protegen los actos realizados durante sus mandatos en el ejercicio de sus «funciones oficiales», vigentes en todas las sociedades democráticas, incorporadas al ordenamiento jurídico español en virtud de una ley orgánica de 27 de octubre de 2015.

Inviolable durante su reinado, cuando ese privilegio constitucional solo debería alcanzar los actos debidos, los refrendados por el Gobierno y no los privados; inviolable también luego de la abdicación, cuyos actos no estaban protegidos por la inmunidad, según el derecho internacional y la propia Constitución, cuyos redactores, ingenuamente o con intención, no supieron o no quisieron ver que los reyes tienen dos cuerpos y uno de ellos, para la lógica dinástica, nunca muere. Los gordos se activaron no para proteger la Constitución y la democracia, siquiera la monarquía, sino para saltar por encima de la democracia y sus instituciones. La actuación de estos gordos nos retrotrajo a las constituciones históricas de las monarquías absolutas de España en las que el monarca no solo era inviolable, sino, además, sagrado.

Por otro tipo de amenazas, según sus intereses, los gordos judiciales han sido capaces de acumular el archivo de más de veinte causas, entre querellas e instrucciones prospectivas, *inquisitio generalis*, contra un partido político, Podemos. No pararon ahí; la sabia reflexión que nos propuso en su día Bertolt Brecht no fue tenida en cuenta. Unos se contentaron con contemplar lo que estaba pasando porque no iba con ellos; otros se mantuvieron al margen porque les convenía el mal ajeno, pensando que no les llegaría el oleaje, pero les llegó, incluido el presidente del Gobierno. Esos mismos gordos no han disimulado su íntima relación con la policía patriótica.

La policía patriótica no tiene que ser necesariamente la consecuencia o idea de un partido en el poder o un ministro del Interior voluntarioso, pervertido, aunque beato; esas inercias están dentro, son intrínsecas a una manera de pensar entre las fuerzas policiales que trasciende los gobiernos. En cierto sentido, como en el caso de otros gordos, la policía se considera el Estado y, en ciertas circunstancias, camina sola. Hasta la propia judicatura se ve compelida a llevarse bien con ellos; no en vano, para mucho de lo que hacen, lícito o ilícito, tienen que prestarse asistencia mutua, son colaboradores necesarios.

Los ejemplos de comportamiento a rienda suelta de la policía patriótica en Cataluña son prueba fehaciente de su carácter mostrenco, o en el caso de espionaje por parte de la Policía Nacional, bajo mando patriótico, de sesenta y nueve diputados electos de un partido político, Podemos. Pero no es solo lo que se podría considerar, nunca justificar, una alarmante amenaza para la integridad territorial del Estado o del *statu quo* de la Transición. La actuación de la policía patriótica en asuntos mafiosos ha afectado incluso a la estabilidad nacional, a intereses estratégicos económicos y empresariales vitales. La elaboración de informes falsos por parte de sus brazos judiciales, en casos de corrupción o de acoso al Gobierno legítimo para su desestabilización, es extremadamente alarmante y ha quedado prácticamente impune.

Uno de los despieces de la policía patriótica está constituido por los sindicatos policiales mayoritarios. Su gordura se ha manifestado en su capacidad de presionar al sentirse autónomos, un poder en sí. Las reivindicaciones salariales, de condiciones de trabajo, son legítimas; sin embargo, su ocupación de la calle contra la propia legislación vigente, la ley mordaza, a cuya reforma se oponen, incluso frente al Congreso de los Diputados, hace temer su impunidad. Ni que decir tiene que, no obstante, esgrimen esa misma ley para reprimir con dureza a otros manifestantes. La presión ha sido utilizada para mostrar su disconformidad con la formación de un Gobierno de coalición progresista o contra su programa legislativo, singularmente contra una ley de amnistía para los protagonistas catalanes del *procés*. Esta oposición, además de ideológica, tiene que ver con la sensación de sentirse emocionalmente desautorizados por su actuación en Cataluña, en ocasiones, fuera de control.

Ante esa presión ejercida desde la policía, envuelta más o menos en vestiduras sindicales, el Gobierno apenas ha podido oponer su exigencia de neutralidad política, recogida con carácter orgánico en la ley que regula y justifica su existencia. Por encima de esa ley no solo está la Constitución, sino los principios básicos que fundamentan la existencia misma de cuerpos policiales en toda democracia, en un Estado de derecho. Sostiene Max Weber que el monopolio de la violencia legítima está en manos del Estado y no de la policía, y cuando los cuerpos policiales la ejercen debe ser con control democrático. La policía está sometida al principio de jerarquía y disciplina, han de estar reconocidos por su uniforme, insiste Weber. De lo contrario, se produce un desvío en el ejercicio de la violencia física y legítima del Estado a favor de una violencia real y simbólica ejercida de manera ilegítima, fuera de control y antidemocrática.

El clero es otro de los gordos. Los prelados se sienten empoderados por el Concordato, los Acuerdos entre el Reino de España con la Santa Sede, y aún se consideran actores políticos en una España en la que la Transición no ha querido o podido hacer desaparecer los valores del nacionalcatolicismo. Desde siempre, esa idea cristera del Estado ha estado presente en la política, y solo en escasísimas ocasiones este ha sido capaz de dar a la separación Iglesia-Estado verdadero carácter constitucional. De la permanente situación, enquistada, no es ajena la izquierda española, en cuyos partidos mayoritarios la izquierda vaticana es una corriente poderosa.

La Iglesia nunca se ha replegado al ámbito de lo privado y no se ha resistido a jugar un papel político activo. Se podría entender, aunque no compartir, que se defiendan como unos ciudadanos más, a pesar de la evidencia, en relación a la responsabilidad de sus sacerdotes en asuntos que les afectan, como los abusos sexuales, y se resistan a sus consecuencias civiles y penales, sobre todo económicas; está ocurriendo en todo el orbe católico. Empero no es el caso que nos ocupa, sino su inclinación a la acción política como gordos, sea desde la Conferencia Episcopal o desde la postura individual y activa de muchos de sus prelados que han hecho inevitable recordar los tiempos pretéritos del mismísimo cardenal Pedro Segura.

Juan José Omella, presidente en su momento de la Conferencia Episcopal, arzobispo de Barcelona y cardenal, se refirió a sus relaciones con el Gobierno con lo siguiente: «La Iglesia no va a montar batallas para hacer caer a ningún Gobierno». Quién lo diría, ¿acaso es papel de la Iglesia montar batallas para derribar un Gobierno? El secretario portavoz de la Conferencia Episcopal, por su parte, quiso dejar claro que esta institución nunca le dice al Gobierno lo que tiene que hacer.

En realidad, ha habido motivos felices para que el clero se entienda con un Gobierno de rojos, en palabras clericales, por ejemplo, con la postura gubernamental en el caso de las inmatriculaciones de bienes terrenales hipotecarios o con su dontancredismo con el papel de la Iglesia en el ámbito de los asuntos mundanos, en las cajas de ahorros, la enseñanza, los medios de comunicación de la Iglesia (imbatibles en sus cuentas: no es lo mismo tener en el consejo de administración a accionistas ávidos de riquezas que al Espíritu Santo), y sobre todas las cosas, en lo que concierne a su fiscalidad y financiación. La equis en la declaración de la renta es una de las expresiones más exitosas de la convivencia de la Iglesia con la España constitucional.

Nada de ello ha sido inconveniente para la manifestación política de prelados y la propia Conferencia Episcopal, que no han tenido reparos en echarse a la calle con las sotanas remangadas cuando han visto la oportunidad de presionar al Gobierno, no solo por disconformidad pastoral con políticas no acordes con la doctrina de su fe —por ejemplo, las leyes del aborto, el matrimonio igualitario o la eutanasia—, sino sumándose a corrientes políticas y alianzas de acoso al Gobierno, contra las cosas que son del césar y no de Dios.

Los curas, ejerciendo su gordura, emitieron una posición en contra de la ley de amnistía, justificando su oposición, en palabras del secretario portavoz de la Conferencia Episcopal, en que «España no vive una situación histórica excepcional». Estas manifestaciones, en nombre de la libertad de expresión, no encuentran de ninguna manera soporte en la lectura del Evangelio ni en los textos canónicos ni siquiera en los pastorales, son sencillamente políticas. Otro gordo de la Iglesia, Ricardo Blázquez, arzobispo, cardenal y presidente de la Conferencia Episcopal, no tuvo recato alguno al afirmar pastoralmente que sentía inquietud y atisbaba un futuro incierto por el pacto de Gobierno entre PSOE y Podemos; ruido de sotanas en sinfonía con otros ruidos, contra dos fuerzas políticas, por otra parte, con importantes sectores católicos en sus filas.

Otro prelado, José Ignacio Munilla, obispo de Orihuela-Alicante, se posicionó abiertamente en contra del presidente del Gobierno español por sus acusaciones de guerra sucia judicial, dejando clara su posición al lado de la justicia terrenal. Sin duda, el poder eclesial pastorea también para que las ovejas descarriadas, católicas o no, no alteren el estado de cosas.

Un caso curioso en el orden económico lo constituyen las agencias de calificación, suenan Standard & Poor's, Moody's o Fitch porque han representado un tridente que merece el apelativo de «gordos transfronterizos» en razón de su actuación más allá de sus propias fronteras. Todo el mundo sabe que se trata de entidades privadas que obedecen a quienes les pagan, destacadamente la banca. Desde 2007, a inicios de la gran crisis, desempeñaron un papel mágico convirtiendo la basura en oro. El problema no es que intervengan en los asuntos privados, es que se han destacado por provocar caídas, rescates, intervenciones financieras en la crisis citada en estados en todo el sur europeo, condenando a su ciudadanía a recortes y apreturas muy severas. Con el tiempo vino el hipócrita arrepentimiento de los que las habían lanzado desde el centro de Europa; incluso la dura Angela Merkel, consciente del daño causado, dio su beneplácito para la creación de una agencia europea de calificación que equilibrase el papel demoledor jugado por las agencias ultramarinas en la desestabilización política y económica de Europa. No se llegó a nada, y el desprestigio y caída reputacional de estas compañías no ha sido suficiente para que, en el pastel financiero, los dirigentes europeos fueran más decisivos. Ello a pesar de que el propio BCE, el Banco Central Europeo, por lo habitual parco en palabras, afirmase que las agencias de calificación no eran parte del problema, sino el problema. Ante lo que consideraban los mandantes de las propias agencias que era una situación económica caótica, un desorden que amenazaba su control, las agencias de calificación fueron movilizadas y se erigieron y erigen como los verdaderos cuerpos antidisturbios del capitalismo.

En ese escenario de lucha por defender intereses económicos dentro del sistema, las grandes corporaciones, en particular las energéticas, han desempeñado un papel destacado en la delantera de los gordos. Ante su obvia pérdida de reputación corporativa y la perspectiva de subida o establecimiento de nuevas cargas tributarias, extraordinarias o no, para sostener equitativamente las finanzas del Estado, energéticas como Repsol, Endesa, Iberdrola y otras de menor cuantía no han dudado en amenazar con llevarse inversiones fuera de España. Se da un hecho singular en estas empresas: la presencia de gordos procedentes de las puertas giratorias que, a sus méritos y servicios prestados con vistas al futuro en sus etapas de ejercicio político, suman ahora el cabildeo gracias a su experiencia, contactos y compraventa de influencias y recuerdo de fidelidades.

La gran patronal no se ha quedado a la zaga, también se alinea en la delantera. Su enfrentamiento contra los gobiernos es proverbial y selectivo según el color del Gobierno de turno. Desempeñan un papel muy activo en la lid legislativa, en la contra frontal de aquellas medidas que contengan una amplia influencia social, contra la subida del salario mínimo interprofesional (SMI), un objetivo marcado por la UE, mejores pensiones y condiciones laborales, o la consecución de sueldos justos en una economía destacada por la pobreza salarial.

En la oposición, en cuanto que gordos, a toda manifestación de la mano izquierda del Estado, sectores empresariales destacados no se han inhibido al exigir, espolear, según sus propias palabras, a la gran patronal, la Confederación Española de Organizaciones Empresariales (CEOE). Ciertamente encontraron en su máximo dirigente, Antonio Garamendi, un peso adecuado, un tigre negro del norte, contra las políticas sociales del Gobierno. La ofensiva empresarial en los nuevos escenarios se hace notar; que gobiernen los mercados, repiten. El Estado no es necesario, es una molestia, solo encuentran justificación de su existencia para mantener todo en orden, de ahí que no cuestionen la mano derecha del Estado en gastos en las infraestructuras que son convenientes para su desarrollo, sobre todo cuando se benefician directa o indirectamente de su ejecución o gestión, en ocasiones de manera escandalosa. Las grandes subvenciones públicas o la viabilidad bancaria gracias a millonarios rescates procedentes del erario público, de mamá Estado, no merecen reproche alguno; tampoco los ambiciosos planes de salvamento con dinero de todos ni cualquier gasto en orden público y últimamente en la golosa industria de defensa que encuentra en los gobiernos su casi único y principal cliente.

Las grandes empresas, los gordos de todo tipo —en esta delantera hay más de ocho—, fomentan y alimentan la indignación difusa de la ciudadanía contra los gobiernos cuando estos no se alinean con sus preferencias y prioridades y, para eso, cuentan como aspersores de la indignación y el desafecto político con grandes medios de comunicación en los que cada día están más presentes en su accionariado y consejos de administración. Los gordos de la comunicación, muy activos y necesarios para estos fines, actúan ya sin pudor de la manera más burda.

Afortunadamente, como en el rugby, hay dos equipos: uno de ellos en la defensa de la democracia frente a sus ataques; en la melé o fuera de ella. A estos gordos del poder hay que oponer tigres democráticos, esa es la esperanza. Se trata de poner en juego muchos más quilos que ellos en la melé, en todo caso sabiendo que están por todas partes. La democracia en estas condiciones está seriamente amenazada, aparece como débil; los gordos son un contrapoder que reduce la democracia, disminuye su calidad y, lo peor, desaniman ante su exhibición y exuberancia de poder a la ciudadanía que se encuentra indefensa, impotente y frustrada.

En el barrio de la Feria, en Sevilla, en un tiempo en donde pocos tenían reloj, trabajaba un hombre, Ramire de nombre, de profesión *despertaó*. Cada madrugada recorría velozmente las calles en busca de los domicilios de los pescaderos que tenían que acudir, cuando ni siquiera aclaraba el día, al Barranco, la lonja del pescado, en busca de su producto; no se podían dormir so pena de perder el negocio del día. Con tan frenético recorrido mañanero para despertar a sus clientes, a Ramire te lo encontrabas por todas partes. Tires por donde tires te encontrarás siempre con uno de los gordos, y no será Ramire.

8

Los jueces se sientan en el sofá

> La inamovilidad sin la responsabilidad es la tiranía del poder judicial.
>
> Eugenio Montero Ríos,
> presidente del Tribunal Supremo
> y ministro de Gracia y Justicia

Desayuno mientras hojeo una encuesta que publica el periódico digital, *elDiario.es*; es junio de 2024. El 60 por ciento de los españoles, según Simple Lógica, no confía en los jueces y cree que la justicia se instrumentaliza con fines políticos. El 44 por ciento de los encuestados piensa que existe persecución judicial, la guerra sucia judicial aplicada a la política. Otros sondeos, entre ellos uno del CIS, mantienen insistentemente la Administración de justicia como el servicio público peor valorado en España; tres de cada cuatro de los encuestados así lo creen.

La encuesta coincide con sucesivas sentencias del Tribunal Constitucional anulando condenas de la jurisdicción ordinaria que afectaron y castigaron con pena de prisión a muchos de los protagonistas del caso conocido como de los ERE de Andalucía. Desde una primera sentencia, un recurso de amparo contra una sentencia de la Audiencia Provincial de Sevilla, confirmada por el Tribunal Supremo, y las reflexiones y opiniones de prestigiosos juristas, fundadas en el propio tenor de los fundamentos jurídicos de las sentencias del garante constitucional, apuntan a que se llevó a cabo contra los condenados una gravísima persecución política, un caso claro de guerra judicial, en concreto, contra todo un Gobierno autónomo. El Tribunal Constitucional deja claro que una ley, cuya aprobación solo corresponde al Parlamento, al poder legislativo, una iniciativa legislativa, cuya competencia es del Gobierno, el poder ejecutivo, nunca pueden ser delito; una ley puede ser constitucional o no, pero en ningún caso puede estar sujeta al Código Penal.

En la sentencia se afirma que el fallo tiene trascendencia constitucional. Se sostiene que es en los parlamentos, en los que reside la soberanía nacional, donde se legisla y que son la institución central en todo sistema democrático. Los parlamentos autonómicos, las instituciones de autogobierno de las comunidades autónomas, están igualmente amparados, ya que las salvaguardias constitucionales sobre esa centralidad del poder legislativo son extrapolables a sus instituciones. Toda ley está sometida no al Código Penal, sino a la Constitución, que establece que la institución que puede controlar su legalidad es exclusivamente el Tribunal Constitucional. Además, afirma el alto tribunal que los recurrentes han visto infringido su derecho a la legalidad penal.

Será muy difícil hacer justicia con los que ya sufrieron su rigor injustamente, ninguna jueza o juez responderá, aunque lo verdaderamente grave es que un poder, el judicial, ha invadido impunemente los otros dos poderes y ha socavado los cimientos de la democracia, la separación de poderes. Unos jueces han usurpado, en desprecio de este principio constitucional, tanto el poder legislativo como el poder ejecutivo.

La mañana venía repleta de noticias, coincidía con el

momento de hacerse público un acuerdo entre los dos partidos mayoritarios, PSOE y PP. La aritmética parlamentaria da a ambos partidos la decisión sobre renovar o no el Consejo General del Poder Judicial (CGPJ), el órgano de gobierno de los jueces. Se produce tras casi seis años sin hacerse por el bloqueo parlamentario del Partido Popular, con la connivencia, si no imposición y dirección, de los partidos de los jueces.

Los jueces no pueden estar afiliados a partidos políticos, pero, en realidad, sobrevuelan esa prohibición y hacen política partidista desde sus asociaciones judiciales, correas de transmisión, en ciertos casos, de la justicia del régimen anterior, de los partidos políticos, al menos las conservadoras, y centros del corporativismo judicial. Estas asociaciones judiciales que se arrogan toda la representatividad achican el espacio democrático y el profesional de la judicatura, dejando fuera de todo acuerdo a los jueces que no estén afiliados a alguna asociación, aproximadamente el 50 por ciento. Es sintomático de lo que queremos decir sobre la enfermedad que padece la democracia española que una de esas asociaciones de jueces —la, digamos, progresista— lleve de nombre Juezas y Jueces para la Democracia; sí, para la democracia, qué si no.

La participación activa de jueces y asociaciones de jueces en los episodios de filibusterismo contra la renovación del órgano de gobierno judicial, el CGPJ, ha quedado vergonzosamente patente. La interdependencia de una parte de los jueces con el partido conservador es obvia y de ida y vuelta, una relación de patronazgo y clientela que origina casos clarísimos de fidelidad impropia, es decir, fidelidad de los jueces no a la ley y la Constitución, sino a aquellos que los nombran o apadrinan sus nombramientos y ascensos. Cuando esto ocurre, los jueces están ignorando su deber de imparcialidad y renunciando a su derecho a la independencia, ya que se vinculan a los políticos para hacer carrera profesional gracias a su relación privilegiada, ello, además, en detrimento de aquellos otros jueces y magistrados que se mantienen al margen y no entran en el juego de las asociaciones judiciales.

Se cumplían cerca de seis años sin renovar el CGPJ. Sus miembros, jueces y juristas de irreconocible prestigio, estaban en situación de interinidad, en funciones, desde diciembre de 2018. La renovación del órgano es una exigencia constitucional y competencia de las cámaras legislativas, Congreso de los Diputados y Senado, bloqueadas por el Partido Popular, ariete de la endogamia judicial que pretende que el órgano de gobierno judicial sea elegido por los propios jueces. Una elección, como la propuesta por las asociaciones, difícilmente homologable en nuestro entorno democrático, en donde o no hay tales consejos de jueces con competencias similares a las que ostenta el CGPJ, o la elección de sus miembros en absoluto cohonesta con los claros intereses corporativos de los jueces españoles.

Los partidos que constituyen el bipartito han dado con su acuerdo carta de naturaleza a una versión y visión reducida del pluralismo ideológico y territorial, pluralismo presente en las cámaras legislativas por voluntad de la ciudadanía que vota. Han sobrevolado el parlamentarismo. Para más abundancia en la incoherencia del relato del desbloqueo, los partidos firmantes no han acordado medida alguna que impida que se pudieren producir bloqueos en adelante, como ya ha ocurrido en el pasado. Los jueces elegidos, como si fueran ajenos al discurso de rechazo de sus propios colegas a la politización del órgano de gobierno y de la justicia, se han dejado elegir a partes iguales, la mitad para cada firmante del acuerdo. Una vez constituido el CGPJ, el espectáculo tanto en el acuerdo sobre la elección de su presidenta como en la designación de la cúpula judicial en distintos tribunales sigue adoleciendo de los mismos vicios. En todo caso, arreglado el entuerto del bloqueo, la impresión que ha dejado el pacto y sus precedentes en la ciudadanía es que hace falta una urgente reforma del poder judicial.

El poder legislativo, del que deriva el poder ejecutivo, es elegido en elecciones libres y directas por un cuerpo electoral de decenas de millones de ciudadanos, llamados periódicamente a las urnas. Los jueces pretenden que, siendo el suyo un poder no electo, cuya legitimidad procede únicamente del cumplimiento de la ley que emana del pueblo —emanación que solo puede proceder del poder legislativo—, ellos mismos, en torno a 5.500 jueces, elijan el órgano de gobierno de los jueces, es decir, del poder judicial. A ellos, a los jueces, los elige el propio CGPJ, para siempre, creídos en que su legitimidad procede solo de haber superado unas oposiciones. Tal vez no tengan tan claro que son un poder del Estado y solo se consideren, en el fondo, jueces-funcionarios con pretensiones y vistas, sobre todo, gracias a la judicialización creciente de la política.

Días antes de estas noticias, había participado en la presentación de un libro, *La justicia en el banquillo*, cuyo autor, Joaquín Urías, es un jurista comprometido con la justicia democrática; en una sala completa y repleta de muchos profesionales del derecho, uno de los asuntos que más interés despertó fue el de la responsabilidad de los jueces.

Desde el advenimiento del nuevo régimen de 1977, nunca hubo reválida democrática alguna de la corporación judicial. Los jueces que administraban justicia en nombre del que concentraba los tres poderes, Francisco Franco (en realidad eran solo sus delegados), de la noche a la mañana pasaron a administrar la justicia democrática. Un ejemplo claro lo tenemos en el TOP, con el llamativo nombre de Tribunal de Orden Público, que en un abrir y cerrar de ojos pasó de ser la máxima instancia represora del régimen, con antecedentes en el Tribunal Especial para Represión de la Masonería y el Comunismo, a ser la Audiencia Nacional, en enero de 1977. Valga para ilustrar el caso del juez José Francisco Mateu, magistrado del TOP, que en pleno juicio por el Proceso 1001, amenazó con quitarse la toga y coger las pistolas, debido a la irritación corporativa por el asesinato de Luis Carrero Blanco, presidente del Gobierno, acaecida el mismo día que debía comenzar el juicio contra los sindicalistas acusados de subversión. Era la milicia togada, que permanece aún sin desmovilizar totalmente. El tránsito de los jueces desde una dictadura a una democracia —ya pasó con el tránsito a la Segunda República— y su poca adaptación siempre ha estado encima de la mesa y resuelto a favor de los jueces.

Un ejemplo claro es el caso alemán (nadie escarmienta en cabeza ajena), el cual no pareció suficiente ni para el legislador constituyente español ni los partidos políticos ni para una sociedad democrática que, para su sostenibilidad, debe contar con jueces demócratas y una justicia democrática. Desde el Putsch de Múnich de 1923, el de la cervecería, el golpe de Estado encabezado por el partido nazi y Adolf Hitler, los jueces alemanes, muchos de ellos procedentes de la milicia del régimen imperial anterior a la Constitución de Weimar, dejaron claro que la judicatura iba a ser la puerta de entrada del nazismo. El juez que presidió el juicio por aquel golpe contra la democracia, cuyo nombre no conviene olvidar, Georg Neithardt, fue benevolente, compresivo y hasta cómplice con un Adolf Hitler acusado de protagonizar aquel golpe de Estado, que aprovechó la tribuna para proclamar su mesianismo nazi. Los jueces de la República de Weimar que también lo habían sido en el régimen anterior, ni eran republicanos ni demócratas. Estaban predispuestos y decididos a no aceptar la voluntad de las instituciones democráticas, procurando, en todo caso, sabotear la ley y judicializar la política a través de sus sentencias, en la mayoría de los casos disfrazadas de legalidad gracias a su destreza y argucias procesales. Para 1933, diez años después del fracasado golpe, todas las asociaciones judiciales alemanas se habían adscrito a la Federación de juristas alemanes nacionalsocialistas (BNSDJ). Posteriormente, con el fin de la Segunda Guerra Mundial, la Alemania derrotada y ocupada no pudo, no quiso o no se lo permitieron los vencedores depurar aquella judicatura que había sido condición, al controlar la justicia, para la llegada de Adolf Hitler al poder. Sin embargo, la Ley Fundamental de Bonn, la norma de rango constitucional de la nueva Alemania, pudo deshacerse de la tutela del vencedor e incorporar la experiencia de grandes juristas alemanes demócratas, incluyendo dos prevenciones importantes: la primera, crear una justicia constitucional, el Tribunal Constitucional Federal, distinta del poder judicial, sustrayendo de la jurisdicción ordinaria su papel, otrora relevante, en las controversias políticas; la segunda, diseñar un sistema de elección de jueces que impidiera la sucesión o creación de nuevas castas y camarillas de jueces, revistiendo a la judicatura de una legitimidad procedente de los poderes constitucionales electos, federal y federados, ejecutivos y legislativos. Desde luego que en las previsiones de la Ley Fundamental de Bonn no entraba la creación en Alemania de algo parecido al CGPJ.

Todo el mundo sabía que en España la autoridad judicial del régimen anterior, ya poder judicial, no se había desprendido de las vestiduras del viejo régimen, pero se llevaba con democrática resignación. Era, por una parte, una cuestión de equilibrios, en realidad, un encargo del pasado, un contrapeso ilícito para que, vigilantes, nada cambiara si dependía de ellos. Otro rasgo más de la Transición. La ingenuidad de los demócratas consistió en confiar en que con el tiempo se iría produciendo una inexorable regeneración, más biológica que otra cosa, pero la solera del tiempo pasado, la madre, permanecía.

Sin embargo, hasta tiempos recientes los jueces no habían dado la cara, permanecían en un discreto plano hasta que un día decidieron salir y sentarse entre nosotros, con nombres y apellidos, sintiéndose protagonistas políticos y jugadores ideológicos de una partida que no era la suya. Un profesor de la facultad hispalense de Derecho me reprendió un día: «No hay que nombrar a los jueces por su nombre, sino por su titularidad en el juzgado que les corresponda en la organización judicial. No son personas sino su función». Le hice caso, pero a través de la simple observación, llegué a la conclusión en poco tiempo de que convenía saber sus nombres y apellidos; al fin y al cabo, ya no eran ciegos, era una metáfora moribunda, veían más por un ojo que por el otro; tampoco eran invisibles, se sentaban contigo cada día en la mesa y en el sofá esperando salir y que se pronunciara su nombre en la televisión. Los jueces se sentían dichosos, proyectados gracias a sus terminales mediáticas amigas, e incluso se prodigaban activos entrando embozados o a cara descubierta en las redes sociales. En realidad, se podía comprobar cómo las actuaciones y resoluciones no eran de juzgados y tribunales anónimos, sino de personas de carne y hueso con un alineamiento expreso y abiertamente conocido. Creo que mi ilustre profesor también ha cambiado de parecer.

Detectado el problema de la transición de un tiempo dictatorial a otro democrático, conscientes del insistente molestamiento judicial, cabe plantearse cómo llegan a ser jueces. Convengo en que es muy aventurado afirmar que todos los jueces son franquistas; es, además, injusto. La mayoría de ellos ni conocieron al dictador. Otra cosa es que, en razón de su extracción social, determinante en relación con sus posibilidades de realizar oposiciones, su condición adquirida de nacimiento, pertenecer a alguna de las dinastías o por haber adquirido carta de naturaleza de la nobleza de toga, sean en su mayoría muy conservadores. Ni siquiera eso debería ser un impedimento, a los jueces solo cabe exigirles que sean demócratas, eso sí, y que acepten el ordenamiento constitucional.

El problema estriba en un sistema de reclutamiento de los jueces, anclado en un método muy antiguo de oposiciones, que permite que los titulares del poder judicial estén sometidos a una inercia en su devenir profesional que los arrastra a hábitos del viejo régimen y a despreciar, por arrogancia de clase, la división de poderes, singularmente, el poder legislativo.

Las oposiciones son un ejercicio memorístico doloroso y costoso en tiempo y recursos que hace que los jueces, una vez superadas las oposiciones y una endogámica Escuela Judicial, organismo público de carácter administrativo dependiente del CGPJ y, por consiguiente, muy poco independiente, aparezcan muy alejados de la realidad social a la que deberían acercarse con sus sentencias. Se puede admitir que muchos de ellos están técnicamente muy bien preparados como juristas, otra cosa es que lleguen a ser buenos jueces en un sistema democrático.

En la perpetuación de esa inercia de los jueces influye su sistema corporativo de acceso o progreso mediante un método de criaderas, metáfora explicativa a la que recurro tomada de la manera de hacer vino de Jerez de la Frontera. Entra savia nueva en cada promoción, sí, pero desde la primera andana, la de arriba, donde entran los jueces nuevos, estos acaban a través del ladroncillo, saca tras saca, en otra andana inferior y así hasta la solera, donde les espera la madre, la tradición y los fundamentos de una corporación muy profunda, con reglas propias, a la que no se pueden ni resistir ni cambiar, so pena de sufrir ostracismo profesional. Probar el vino de la solera es una experiencia fascinante —sigo a Julian Jeffs, gran autoridad británica en cosas del sherry—, pero al igual que con el vino, a veces, las botas de la solera judicial apenas contienen autenticidad, son vinos fracasados, falsos. Cuando eso ocurre, es que la madre está podrida o el uso del ladroncillo no ha observado la liturgia y las reglas fundamentales (las botas nunca se mueven, sostiene Jeffs y cualquier *arrumbaor* que se precie). Se producen saltos, interferencias, preferencias, es decir, nepotismo, clientelismo o «alumnismo», si es que alguien de la solera, de la cúpula judicial, te preparó y tuteló las oposiciones. Cuando es así, lo que se pretende, y generalmente se consigue, es la perpetuación de una cultura judicial de castas. En realidad, se trata de una estrategia de reproducción de ese poder que da pie a una transgresión de la moral pública que suele ser con frecuencia la tramoya profunda de una corrompida y falsa evocación de la razón de Estado.

Recién nombrado ministro de Justicia, Mariano Fernández Bermejo ofreció una conferencia en Sevilla en la que, entre otras cosas, se comprometió a cambiar el sistema de reclutamiento imperante entre los jueces. En el aire pesaba la intención del ministro de ir poniendo fin a la figura oscura del preparador de oposiciones, puesto no reglado que proporciona a los jueces en ejercicio importantes beneficios, no solo en numerario exento, sino en el aún más oscuro territorio de las redes de influencias y fidelidades. Juristas veteranos no salían de su asombro: ministro valiente —advirtió uno de ellos—, pero, con ese propósito, no le quedan dos *pelaos*. Así fue, una huelga de jueces-funcionarios mediante, una cacería con malas compañías, según el estamento judicial, y varios intentos de racionalizar la justicia acabaron con la renuncia del ministro que también fue fiscal del Tribunal Supremo.

Independientemente del sistema elegido, lo que se cuestiona mucha gente es si esos jueces reúnen una condición o aptitud previa, superen o no unas oposiciones, para ejercer el poder judicial en un sistema democrático. Las actuaciones de muchos de ellos, ahora que se han hecho visibles, dejan muchas dudas y bastante escepticismo. En la Grecia clásica, donde nació la democracia, existió una institución en defensa de este sistema político para evitar que los magistrados llegasen para destruirlo como ocupantes de un metafórico caballo de Troya antidemocrático, la *dokimasia*: un examen de aptitud democrática.

Sin esa precondición, la democracia se enfrenta a uno de sus grandes retos: cómo vivir en democracia con jueces que no sean demócratas. Como enseña la historia en todas partes, los jueces pueden ser la última trinchera en defensa de la democracia, pero también los porteros que la abran al totalitarismo. La distancia de los jueces con la sociedad en la que deben administrar justicia no es un problema menor, tanto proceda y se derive de un proceso formativo burbuja y endogámico o de la ideología que retengan y que no sean capaces de dejar al margen en su condición de jueces al administrar justicia, es decir, se trata de cómo gestionar su imparcialidad. En el desnudo integral de los últimos años, porque han decidido que es hora de actuar, nos hemos encontrado con jueces con criterios machistas, homófobos, xenófobos, cristeros o a otros erigidos en activistas políticos del integrismo nacionalista, frente a leyes como la de amnistía o la conocida como «ley del solo sí es sí», a las que se oponen por razones políticas, ideológicas o religiosas, si se trata de leyes que consideran contrarias a su manera de entender el Estado o credo, como las del aborto o eutanasia. Con sus alineamientos previos, expresados públicamente de manera manifiesta o en sus posteriores sentencias, pensar en el juez que te toque es como participar en un sorteo fatal de lotería de cuyo resultado no se libra uno con invocaciones a la divina providencia.

Es frecuente conocer las opiniones previas de jueces expresadas en ocasiones con publicidad en tribunas y foros públicos bien remunerados por instituciones ideológicamente afines en asuntos que luego deben conocer en sus juzgados. Esto ya lo detectó Montesquieu, que advirtió y aconsejó en su tiempo que «los jueces fueran de la misma condición que el acusado para que este no pueda pensar que cae en manos de gentes propensas a irrogarles daño». Con otras palabras lo decía Aristóteles: «La predisposición contra alguien, la compasión y la ira y otras afecciones del alma similares no tienen que ver con el asunto, sino con el juez». Aristóteles reflexionaba en una época sin jueces profesionales, pero, aun y así, en nuestro tiempo, en el que los jueces han decidido personarse en la esfera política, no está de sobra otra de sus recomendaciones, en este caso destinada al legislador: «Conviene que las leyes bien establecidas definan todo cuando sea posible por sí mismas y dejen a los jueces lo menos posible».

Esas manifestaciones explícitas de muchos jueces sublevados, en tribunas de distinta naturaleza, sobre asuntos que tienen que ver con la política hacen temer a cualquiera que uno de ellos te pudiera corresponder en juicio. Desde que se sentaron a la mesa y en tu sofá son muy frecuentes las incursiones, razias y decisiones políticas, azuzados por ese partido en el que no pueden militar o por creerse poseedores de una misión que les viene de su engreída pertenencia a una nobleza de toga que cree velar por la integridad moral y territorial del Estado. Una actitud perjudicial para su independencia y la democracia. En ciertos casos, los jueces se transforman en algo peor cuando se constituyen en una instancia que va más allá de su papel como poder judicial. *Toga nostra* es una expresión que aprendimos de Hispanoamérica cuando allí los jueces se erigieron en poder, usurpando los demás poderes. Vino la juristocracia y lo demostraron tumbando gobiernos o arruinando la reputación y carrera de políticos electos. El poder potencial es tal que otros jueces honestos que conocen la argucia procesal y la astucia judicial de sus compañeros de carrera no se mueven; entre ellos no se pisan la toga. Las togas pardas son una amenaza para la democracia, pero también para los jueces demócratas. No en los tiempos de Montesquieu, sino en los nuestros. Carlos Lesmes, presidente del Tribunal Supremo y del CGPJ, dijo que la justicia, refiriéndose a la Ley de Enjuiciamiento Criminal, estaba pensada para los robagallinas. Sus palabras dan mucho que pensar si se hace una lectura más meditada de dicha afirmación.

La reivindicación de los jueces de su independencia es una de las razones esgrimidas con mayor vigor; la independencia judicial es, en efecto, sustantiva, está en sus cimientos en tanto que poder del Estado que son. Pero la independencia judicial es el requisito y garantía de su imparcialidad y no el patrimonio de los jueces, como la libertad de expresión no es patrimonio de los periodistas; es una exigencia democrática y constitucional a los propios jueces.

Así y todo, lo que resulta más grave es la invasión de poderes, porque implica la no aceptación del sistema democrático —ya lo advirtió Montesquieu—. Resulta aseado citarlo, aunque quizá sea el pensador más citado y menos leído. Se sorprenderán los que por fin se atrevan a leerlo, *sapere aude*, de que el sabio jurista francés, en su defensa de la separación de poderes y su conveniencia, hablara de equilibrios y contrapesos entre los tres poderes, no una separación estanca con mamparos; por su parte, los padres de la Constitución estadounidense insistirían e incluirían estos principios en sus textos fundacionales. Thomas Jefferson, tercer presidente de Estados Unidos, uno de ellos, reivindicaba el vital principio electivo para que el pueblo pudiera elegir o revocar a los jueces. Hoy, en Estados Unidos a los jueces federales los elige el poder ejecutivo con participación del poder legislativo. En estados federados, los jueces pueden ser elegidos por el pueblo o por el poder ejecutivo. Volviendo a Montesquieu, de lo que verdaderamente advertía y ponía en guardia en *Del espíritu de las leyes*, era de los jueces.

Una de las expresiones más inquietantes del destape de los jueces en política es el llamado *lawfare*. Desde que apareció esta manera viciada de administrar justicia, la sociedad democrática a escala global se ha puesto en guardia porque independientemente de sus fines inmediatos, en ocasiones con largos procesos de desgaste, el *lawfare*, la herramienta de la juristocracia, se ha convertido en una forma de reducir la democracia. La juristocracia impugna la democracia representativa y reclama para sí, para los jueces, todo el poder. La impotencia sentida por la sociedad democrática y la falta de reflejos políticos forma parte del éxito de esta manera de poder, en particular, porque sus decisiones acaban llevando el desánimo a la ciudadanía, que desconfía de la política por su inutilidad. La guerra sucia judicial no tendría éxito si no tuviera entre sus colaboradores necesarios a una prensa que, a través de la manipulación, la mentira y los bulos, agranda los casos de guerra judicial mediante el escándalo, mientras que oculta los casos o los resultados de investigaciones desviadas y fallidas que no convienen a los fines previstos. Lo importante en los largos procesos de *lawfare* no es ni siquiera el final del caso, el recorrido, que en repetidas ocasiones acaba en nada, sino la estancia y desgaste de los afectados en permanentes expositores mediáticos de la vergüenza.

El vuelco a todo el caso de los ERE es muy llamativo, pero más aún la insistencia en la persecución política en otras causas. Los jueces que han decidido entrar en política practican desde el estajanovismo y la velocidad procesal inusitada, en tiempos reconocidos de penuria de medios, a la lentitud a la japonesa o las dilaciones indebidas. A resaltar, su puntería política o una particular mala fortuna con la pérdida de expedientes; en algún caso, por el contrario, se ven favorecidos por una repentina serendipia o alcanzan por la vía del cansancio o el olvido selectivo la prescripción de ciertos casos. La oposición política de los jueces al poder legislativo ha alcanzado un nivel insoportable con la aprobación de la ley de amnistía. Un grupo de ellos se ha atrevido incluso a presentar y distribuir una guía para sabotear la ley, para un filibusterismo procesalmente bien fundado. Los contornos entre la política y la justicia han dejado de ser blanco y negro para pasar al gris, hasta tal punto que es con frecuencia difícil discernir dónde empieza una y termina la otra. Los jueces no son, sin embargo, un cuerpo separado de la vida democrática de la sociedad en ningún caso, forman parte de la política, no son *idiotés*, lo cual debe ser compatible con el ejercicio de su función jurisdiccional. La trascendencia política de sus decisiones justas es obvia y llama a su independencia, imparcialidad y buen juicio en beneficio de la democracia y de un sistema de controles y equilibrios.

Sin embargo, cuando incursionan de manera frecuente en la política, con el control procesal de los tiempos y calendarios, las instrucciones prospectivas, prácticas de arrastre o selectivas, o un manejo de la agenda judicial que en muchas ocasiones despierta recelos y presenta extrañas coincidencias y sinergias, entran en otro territorio crítico. En la medida en que no son un poder aislado, sino que operan en un sistema de equilibrios y controles, los jueces están igualmente sometidos al escrutinio público y político. Criticar a un juez que voluntariamente ha salido del anonimato porque cree tener una misión no es atentar contra su independencia. En estos casos, como en otros, los magistrados deben aceptar que se pueden equivocar. Para ello, existen los recursos y remedios —no son infalibles—, los controles profesionales, la autoridad constitucional y nuestra —dolorosa para muchos de ellos— pertenencia al espacio judicial europeo.

Para más abundancia democrática, existe la opinión pública que se puede expresar de manera crítica, a la que todos estamos sometidos en un sistema democrático donde la libertad de expresión es fundamento constitucional de primer orden. Lo más desconcertante es que, teniendo razón los jueces cuando exigen una independencia real de la justicia, el *lawfare*, la corrupción judicial que algunos practican, es precisamente la negación más que visible de esa independencia e imparcialidad.

Pero ¿cómo acabar con el *lawfare*? ¿Se trata solo de prevaricación como algunos de esos magistrados han llamado a demostrar? Retan conocedores del camino tortuoso que espera a quien se esfuerce en demostrarlo. Lo cierto es que, por cualquiera de las vías, la responsabilidad de los jueces queda siempre al margen; la jubilación voluntaria o anticipada pone a veces fin al calvario de los que sufren la guerra sucia judicial, pero en ningún caso es una solución estructural a un gravísimo problema para la democracia. Prácticamente, la potencial responsabilidad termina cuando dejan de ser jueces en activo, lo cual deja en el aire la propia unidad de criterio de los magistrados.

Volviendo a la Grecia clásica, junto con la exigencia de aptitud democrática y un sistema de elección con la participación del pueblo, como exigía Thomas Jefferson, los griegos idearon una manera para exigir responsabilidades a sus jueces al final de su mandato, lo cual no dejaba de ser un incentivo para el cumplimiento justo de su función democrática. Era la figura de la *euthynai*, mediante la cual todos los funcionarios públicos, jueces o no, debían superar una prueba obligatoria para rendir cuentas cuando dejaban de ejercer.

Eugenio Montero Ríos fue presidente del Tribunal Supremo y ministro de Gracia y Justicia. Con ocasión de su discurso en la apertura del año judicial, en 1870, se refirió a las novedades en la Ley Provisional de la Organización del Poder Judicial y se congratuló del avance que suponía para los jueces españoles la consagración de su inamovilidad como garantía de su independencia. El gran jurista gallego, sin embargo, al plantear el binomio independencia judicial e impunidad de la judicatura, declaró con contundencia: «La inamovilidad sin responsabilidad es la tiranía del poder judicial». La normativa defendía la inamovilidad, pero justo en el artículo que precedía tan vigoroso principio, se establecía la responsabilidad civil y criminal de los jueces por las infracciones de la ley que cometieran. Como curiosidad, Montero Ríos firmó durante su mandato como ministro la ley que establecía reglas para el ejercicio de la gracia del indulto, de 1870, de la que era autor, aún en vigor. Una ley de 1870 que los jueces que han pasado al activismo político han cuestionado y pretendido también sabotear.

Hace unos años apareció de gira por España un juez estadounidense titular de un tribunal federal de circuito, una corte de apelación. En un momento de un encuentro con juristas locales, preguntó: «¿Cuántos jueces españoles están en la cárcel?». El personal quedó algo desconcertado. En realidad, en aquel tiempo solo un juez, del cuarto turno, que por cierto fue también vocal del CGPJ, Luis Pascual Estevill, tenía problemas con la justicia; de hecho, fue condenado por cohecho, extorsión, prevaricación y otros delitos no menores. Ante la respuesta de los presentes que no podía ir más allá de ese caso, exclamó: «Entonces, la justicia española no funciona».

Tal vez el ejemplo puede ser excesivo, pero la pregunta forma parte de una cultura jurídica y democrática que, respetando los principios de inamovilidad e independencia, retiene el derecho del pueblo a la exigencia de responsabilidad y, en casos extremos, la revocación de mandatos, junto con la otra posibilidad de nunca más ser reelegidos cuando en el nivel estatal están sometidos al principio electivo. Un principio del que se puede decir que posee una gran virtud depurativa.

Para que la ciudadanía confíe en los jueces, en la justicia, la responsabilidad, como en todas las esferas de lo público, es requisito indispensable, bien sea por la vía política, la electoral y, llegado el caso, por la exigencia de responsabilidades penales y la exclusión misma o separación de la carrera judicial. La impresión de que los jueces, en el ejercicio de sus funciones jurisdiccionales, son impunes por decisiones erróneas, parcialidad o falta de proporcionalidad son muy lesivas para la reputación del poder judicial y minan la confianza ciudadana en un poder que se siente invulnerable. La impresión negativa es mayor cuando se advierte y toma conciencia de que sus recursos y retribuciones no proceden de los intereses de clase que a veces defienden, sino, en tanto que un poder del Estado, de los impuestos y el esfuerzo fiscal común de la ciudadanía en su conjunto. Cuando las responsabilidades caben ser exigidas por la incursión de ciertos jueces en la política, la impunidad adquiere ciertamente un carácter contraestructural de la propia democracia, ya que significa que exime de responsabilidad la usurpación de poderes en un intento de alterar la propia esencia de la democracia liberal.

Otra mañana, pocos días después del anuncio de la renovación del CGPJ, con el debate abierto en los medios y las redes sociales, recibí una llamada de un magistrado amigo aún en ejercicio, más joven que yo, con el que con frecuencia mantengo conversaciones y recibo con gusto recomendaciones de lecturas. Se desahoga en su desesperación por lo que vive y oye y por el epistolario cruzado entre sus compañeros de carrera en los canales internos de las redes sociales. Afortunadamente, no piensa jubilarse. Este juez, servidor público, es de los fascinantes demócratas que nos ofrece, a veces, la saca de la mejor solera de la justicia.

9

A LA GUERRA DESDE EL SOFÁ

> Queridos padres: esto es un disparar continuo y se matan todos como perros.
>
> ANDREA CAMILLERI,
> *La guerra privada de Samuele*
> (postal de Michele Sparacino
> a sus padres)

A finales del año 1974, Sadam Hussein visitó oficialmente España. Por entonces, era el vicepresidente de la República de Irak. Fue recibido por el jefe de Estado, Francisco Franco, el presidente del Gobierno, Carlos Arias Navarro, y el príncipe y sucesor a título de rey, según la nomenclatura de entonces, Juan Carlos de Borbón y Borbón. Era la visita de un amigo, representante de un pueblo hermano. Tan amigo y hermano que, sin ser aún presidente de la república —no lo sería hasta 1979—, pocos años después, en junio de 1978 (seguía por tanto la amistad después de la muerte del dictador), Adolfo Suárez, en virtud de un real decreto de 14 de junio, le concedió el Collar de la Orden del Mérito Civil, como vicepresidente del Consejo del Mando de la Revolución de la República de Irak. El collar es la máxima condecoración de la orden y se concede a personalidades por sus méritos de carácter civil, servicios relevantes al Estado, «trabajos extraordinarios». El ministro de Asuntos Exteriores, canciller de la orden, era por entonces Marcelino Oreja Aguirre. La concesión está firmada por Juan Carlos, por su «real aprecio». Pero la amistad siguió (cuando se trata de negocios de armas, los vínculos se hacen muy fuertes): Felipe González, en calidad de secretario general del PSOE y miembro de la Internacional Socialista, visitó al ya presidente, Sadam Hussein, en Bagdad, en junio de 1980, pocos meses antes de que estallase la guerra con Irán. Para González y la Internacional Socialista se trataba de un país amigo y progresista.

En plena guerra entre Irak e Irán, viajé a Bagdad invitado por el Gobierno iraquí. Comoquiera que el aeropuerto de la capital estaba cerrado, el viaje era complicado. Un vuelo me llevó al sitio más cercano, a Ammán, la capital de Jordania, y desde allí había que buscarse la vida, por lo que no había otra manera que localizar un coche que estuviera dispuesto a llevarnos a Bagdad a través del desierto, vía Ar Rutba, unos novecientos kilómetros de trayecto. No era fácil, pero, después de una intensa búsqueda, un conductor sirio que acababa de llegar de Damasco accedió a llevarnos. Una vez hecho el trato, sin embargo, el hombre desapareció, sembrando mi inquietud y la de la compañía. Por fin, tras una espera que pareció larguísima, apareció con una lata de pintura y una brocha. Se sentó en cuclillas delante de los faros de un desvencijado coche americano y comenzó a dar unas manos de pintura muy espesa al semicírculo superior de los faros. A mi pregunta, una curiosidad razonable, respondió que era para alumbrar lo menos posible cuando anocheciera; de lo contrario éramos un blanco fácil. No había estado nunca en una guerra, pero el frío que me entró ya me puso en guardia de lo que cabe esperar en una de verdad.

El viaje era una recta, por suerte nadie nos atacó; el

principal peligro con diferencia eran las cabezadas que iba dando mi ya amigo sirio al que le daba conversación sin parar porque venía de Damasco sin haber dormido; el otro, las ensaladas fresquitas que mis inexpertos compañeros de viaje, a pesar de mis recomendaciones, comieron en un improvisado zoco de carretera en Ar Rutba, cuyas consecuencias pagaron con urgentes idas y venidas a cualquier cosa que pareciera un retrete durante varios días. Por fin, las luces anunciaban nuestro destino. Entramos a estirar las piernas en un caravasar en los alrededores de la ciudad, una venta, para entendernos. Los parroquianos eran campesinos, jugaban *tawilat*, es decir, *backgammon*, una traducción innecesaria al inglés de un juego, las tablas, que ya se jugaba en Al Ándalus. Fumaban una shisha y me convidaron, así que, entre sorbito y sorbito de un café turco espesísimo, probé; noté que se me subía, no me extrañó porque ya había advertido que mis anfitriones se veían contentos. Un informante me puso al tanto de que, en la base de la shisha, mejor *huka* (no había más contenido herbáceo, el tabaco era sirio común, no creo que se permitieran el afamado *latakia*), le echaban un buen chorreón de Metaxa, un brandy valiente de origen griego bastante extendido por el Levante. En Irak se bebía, y mucho en ciertas zonas, arak libanés, sobre todo, una especie de aguardiente que bebían con agua, una palomita; era entonces un país laico.

Una vez en Bagdad me alojé a orillas del río Tigris en el hotel Al Mansur, que un tiempo atrás había gestionado la cadena Meliá, sin más compañía que un grupo de corresponsales de guerra y una vela para los frecuentes apagones de luz que te proporcionaban en recepción. La cercanía a la torre de la televisión nacional iraquí nos convertía en objetivo casual, por eso estuvimos bajo varios bombardeos que soportábamos protegidos en la lavandería que había en los sótanos del hotel con un olor a ropa mojada y jabón que nunca olvidaré. Por entonces, mis amigos iraquíes me contaron que uno de los mayores problemas que tenían las autoridades cuando había incursiones aéreas sobre Bagdad era que la gente se subía a las azoteas a verlo. La guerra era para algunos un espectáculo que se podía observar de manera inconsciente y peligrosa o sin riesgo desde el despacho o desde el sofá, frente al horror televisado de la propaganda de los informativos. El frente duro, las trincheras, estaban más lejos. Un día me llevaron de visita a una especie de museo bélico de los horrores. Allí vi mucha chatarra conquistada y varios vehículos artillados —parecían recién pintados—, en los que se apreciaban orificios de entrada y salida, como quirúrgicos; se podía ver (e imaginar el horror de la tripulación que estuvo dentro, daba pánico) la rebaba metálica en los bordes de entrada y salida de los orificios del tamaño de una pelota de fútbol. Del frente, sobre todo del sur, de la zona del Shatt el Arab, Basora y los territorios cercanos a la frontera con Irán, llegaban noticias estremecedoras: se estaba produciendo una auténtica carnicería. Un voluntario baazista sirio que otras veces me había servido de guía, con el que hice amistad porque su novia era de la Puebla del Río, se había alistado voluntario y había caído en ese frente. Una mañana, un amigo común vino al hotel a decírmelo. En ocasiones anteriores tuve de acompañante a una mujer de mi edad con un pistolón que intimidaba. Era cristiana católica caldea; como me interesan tanto las lenguas, un día me trajo una cuartilla con algunas expresiones en siriaco o arameo, esa lengua muy parecida a la que seguramente habría hablado Jesús. Había muchos cristianos en la Administración iraquí; de hecho, el segundo de Sadam Hussein era también un católico de rito oriental caldeo, Tariq Aziz. Las mujeres estaban en el ejército, en España hubo que esperar hasta 1988. Todas las experiencias en aquella visita fueron suficientes; me curé para siempre. Nunca me gustó una guerra, pero vivirla era otra cosa, te vacuna.

Pocos meses antes de comenzar la guerra en septiembre de 1980, estuve en Bagdad en otro viaje que también me llevó más al sur, a Babilonia, la actual Hilla, y a Mosul, en el norte, cerca de la frontera turca; tenía ganas de ver de cerca el Kurdistán, cuya historia política me interesaba (los kurdos serían luego masacrados por Sadam Hussein).

El motivo de mi visita a Irak era la celebración de la fiesta conmemorativa de la Revolución del 17 de Julio, el golpe de Estado que llevó al Partido Baaz Árabe Socialista al poder en 1968, encabezado por Ahmed Hassan Al Bakar (al que, por cierto, también concedió Adolfo Suárez el Collar de la Orden del Mérito Civil) y por Sadam Hussein. Era otro 17 de julio a muchísimos grados de temperatura mesopotámica, un horror húmedo.

En Bagdad estaba, entre todos los invitados, Agustín Rodríguez Sahagún, entonces ministro de Defensa, con la compañía de una nutrida representación de altos mandos militares. Siendo ministro de Industria había recibido en Madrid, un año antes, a su homólogo iraquí. Cosas de militares, me dije, sin imaginarme lo pronto que empezaría la guerra. El número de asistentes a la conmemoración de la Revolución del 17 de Julio era amplio y de alto rango: allí estaban sus aliados, diplomáticos, políticos y, sobre todo, los proveedores, destacando la representación francesa y la soviética que, por entonces, estaban armando a Sadam Hussein hasta los dientes. Como curiosidad, durante los aperitivos había alcohol. Casi en tiempo real gracias a las correspondencias horarias, corrió la noticia (había gente muy bien informada) de que se había producido un golpe de Estado en Bolivia por parte del general de división, Luis García Meza. Apenas se inmutaron los presentes, como si se hubiera cantado un gol en un mundial.

Bien sabían los invitados, cada uno por sus propias cuentas y pedidos, las armas que tenía Sadam Hussein, incluidas las armas químicas de las que disponía hasta que fue obligado a destruirlas, tras su empleo contra los kurdos, por los mismos que se las habían vendido. Únicamente en el norte iraquí se estiman más de cien mil víctimas, causadas con armas occidentales y soviéticas, sin control democrático; estos negocios se hacen en la oscuridad.

Se calcula que, en aquella primera guerra, solo España

vendió armas a Irak por valor de más de 11.500 millones de pesetas. Los detritos del horror esparcidos por todo el teatro bélico llevaban marcas occidentales, muchas españolas. Empresas como CASA, Gamesa, Explosivos Río Tinto o Explosivos Alaveses lustraban la Marca España. Las minas antipersona, el napalm y el gas mostaza tenían denominación de origen. El negocio del material de guerra era transversal, de todos los colores políticos. Legalmente, la venta de armas a Irak terminaría con la decisión del Gobierno socialista, presidido por Felipe González, obligado a aplicar el embargo aprobado por el Consejo de Seguridad de las Naciones Unidas, en 1990, cuando Irak decidió invadir Kuwait; otra guerra, otros negocios.

En las otras guerras que vinieron, Sadam Hussein ya no era ni el amigo ni el hermano. Se sabía que el negocio del petróleo era el que sustentaba el lucrativo negocio de las armas. Entonces, por qué no ir a lo mollar: directamente a por el petróleo. Cuando Sadam Hussein pudo ver que España aparecía entre los coaligados, luego los invasores, no sé si pensó, como en los amores rotos, en devolver el rosario, en este caso el collar.

En una entrevista concedida al periódico *El Confidencial*, con motivo de la celebración en Madrid de la

III Feria Internacional de Defensa y Seguridad (FEINDEF), en mayo de 2023, su presidente de honor, Julián García Vargas, dejaba claros algunos de los aspectos más destacables de la industria de la guerra y proporcionaba datos relevantes. García Vargas, destacado miembro del cabildo armamentístico, fue ministro de Defensa, desde 1991 a 1995, en el Gobierno de Felipe González. Las ventas de España, según el presidente del cabildo armamentístico, ascendían a 6.600 millones de euros anuales, 5.300 millones de ellos destinados a las exportaciones. García Vargas se quejaba de que quedaba mucho por hacer hasta llegar al 2 por ciento del PIB para 2030 en gasto en armamento, comprometido por el Gobierno español, aunque había que intentarlo. Según el Instituto Internacional de Estocolmo para la Investigación de la Paz (SIPRI), once países de la OTAN ya lo habían alcanzado en ese año de 2023. Para junio de 2024, el número de países que había logrado el objetivo previsto llegaba a los veintitrés, según la misma fuente.

Lo más relevante, sin embargo, es que la industria se encomendaba a las Fuerzas Armadas y al Ministerio de Defensa. Tenían que ser capaces de llevar a cabo programaciones plurianuales, es decir, compras continuas, para suavizar el impacto en la industria si llegara la paz, un reconocimiento expreso de que es en la guerra y no en la paz donde está el negocio (nada de producir mantequilla). Y algo más, realmente inquietante: el antes ministro de Defensa y ahora presidente del cabildo armamentístico achacaba al clima electoral y a los enfrentamientos con los partidos minoritarios de izquierda el que un Gobierno de coalición progresista en España evitara llevar al Congreso de los Diputados asuntos tales como la presencia de nuevos destructores estadounidenses en la base naval de Rota o el despliegue de una batería NASAMS en el Báltico.

Para García Vargas, el bipartidismo de PSOE y PP aseguraba el carácter de política de Estado de los intereses de la industria militar y se jactaba de la incoherencia de la izquierda minoritaria cuando se veía obligada a defender puestos de trabajo generados por este sector. La falta de control democrático es común a todos los gobiernos, muy grave porque cuando se trata de la guerra y sus negocios se acepta reducir la democracia, dejarla bajo mínimos. La práctica totalidad de los argumentos utilizados por García Vargas en su apología de la guerra se basaban en la constatación quejosa de una inexistente cultura de defensa en nuestra sociedad civil. La guerra es para defender los intereses del pueblo, su libertad (esa es la idea fuerza que se pretende inocular en el pensamiento ciudadano): una guerra del pueblo, pero sin el pueblo. Demasiado atroz todo lo relacionado con la guerra como para someterlo al conocimiento de la opinión pública y el control democrático.

José María Aznar fue un claro ejemplo de cómo esquivar el control democrático por la vía parlamentaria. A pesar de la evidencia, e incluso del reconocimiento explícito de sus compañeros del Trío de las Azores, el mandatario español ha seguido afirmando la legalidad de la invasión de Irak sobre la base de la Resolución 1441 del Consejo de Seguridad de las Naciones Unidas. Algo contestado y negado por la mayoría del consenso político y jurídico mundial. Esta resolución de 2002 en absoluto habilitaba para una invasión; Aznar, como otros de sus conmilitones, basaba su decisión de participar en el punto 3 de la citada resolución, que solo recordaba a Irak que, de seguir sin cumplir sus obligaciones, se expondría a graves consecuencias.

Sin embargo, a pesar de las evidencias de que España sí se sumó a la invasión, a la operación Libertad Iraquí (veinte años después, no hay evidencias que puedan demostrar la libertad prometida ni que Irak sea un país democrático), Aznar se negó a someterse, evitando cualquier tipo de votación, al control y autorización parlamentarios. Incluso llegó a afirmar expresamente en una de sus comparecencias en sede parlamentaria que enviaría medios aéreos, navales y terrestres, algo que luego se permitiría negar. En un debate en el Congreso con el entonces líder de la oposición, José Luis Rodríguez Zapatero, reprochó a este el hacer política de consignas, el carácter asambleario y antiguo del PSOE, y le echó en cara que el terrorismo no se combatía mirando para otro lado. Aznar pidió a Rodríguez Zapatero (en esto último tenía razón, la razón de los reproches escenográficos del bipartito) que pidiera él también perdón por los bombardeos de Kosovo y Belgrado, ordenados por el socialista Javier Solana, al frente, como secretario general de la OTAN.

Aznar se saltó a la torera la democracia y nunca rindió ni rendirá cuentas. En España nunca hubo un Informe Chilcot, una investigación oficial e independiente encargada por el primer ministro del Reino Unido, Gordon Brown, que dejó clara la complicidad y ardor guerrero común de José María Aznar (presidente del Partido Popular) y Tony Blair (líder del Partido Laborista), ambos entonces responsables de sus respectivos gobiernos. La guerra y sus intereses hace extraños amigos. Mientras que Blair aceptó y se disculpó por aceptar como válidos los datos evidentemente falseados por los servicios de inteligencia británicos —aunque no reconoció que apenas los tuvo en cuenta, tampoco al Consejo de Seguridad de las Naciones Unidas— que provocaron la invasión de Irak, por el contrario, el mandatario español nunca se ha disculpado y ha llegado a afirmar que España no participó en aquella invasión y guerra horrible en la que se estima que murieron cerca de doscientos mil civiles. Las armas de destrucción masiva que vio José María Aznar no las vio nadie; en todo caso, lo tenían fácil aquellos que las habían vendido a Irak y más tarde utilizado en su propio beneficio. La paradoja es que se exigiera a quienes compran armas el detalle de su arsenal y a quienes las venden que se les proteja con el velo del secreto. La prueba más real de la mentira del presidente español es que su sucesor, José Luis Rodríguez Zapatero, retiró las tropas españolas de Irak. ¿Qué retiró el presidente del Gobierno socialista y de dónde, entonces?

Pero el negocio seguía. Durante el mandato de Mariano Rajoy, Pedro Morenés ocupó la cartera de Defensa, luego fue embajador en Estados Unidos, antes, secretario de Estado de Seguridad y también de Defensa. Morenés fue consejero de la empresa Instalaza, primer fabricante español de las prohibidas bombas de racimo; ni que decir tiene que el tránsito por la industria de armamento antes y después de estar al frente del Ministerio de Defensa es tan real como una obviedad.

No viene mal insistir con Norberto Bobbio en que la democracia es luz, claridad, transparencia. Siempre preocupó la oscuridad en el pensamiento del gran demócrata italiano. El poder oculto, el invisible, sin que la opinión pública esté informada y pueda ejercer su libre crítica, es un vicio que corroe la democracia. Es inadmisible que el poder oculto —sostiene Bobbio— busque a través del secreto huir de sus responsabilidades, incluso penales, sustraerse del control democrático. ¿Está la guerra y sus intereses fuera del control democrático? ¿Se jibariza la democracia por la razón de Estado?

No se puede esperar transparencia ni nada parecido en una dictadura, la claridad es propia de las democracias. No cabía obviamente esperarse, por tanto, otra cosa de una norma como la ley de secretos oficiales, de 1968, firmada por Francisco Franco, pero la democracia la hizo suya y, solo maquillada por una modificación de 1978, seguía en vigor en 2024. Ni siquiera después de otros intentos previos de reforma por distintos grupos parlamentarios, entre otros, el nada revolucionario Partido Nacionalista Vasco (PNV), en las anunciadas medidas de regeneración democrática propuestas por el presidente del Gobierno de coalición progresista, Pedro Sánchez, en julio de 2024, parecía tener cabida una reforma democrática de la ley de secretos oficiales. Además, el Informe sobre el Estado de Derecho de la Comisión Europea insistió en ese mismo mes de julio de 2024 en la necesidad de su reforma.

Pero en plena democracia no es solo que esté en vigor una ley del régimen anterior, es que desde 1987, en aplicación de la prerrogativa que esa ley concede, el Consejo de Ministros, presidido entonces por Felipe González, declaró secretas las actas de la JIMDDU, la Junta Interministerial Reguladora del Comercio Exterior de Material de Defensa y de Doble Uso. El órgano es el encargado por ley de informar de manera vinculante las autorizaciones de exportación. Desde 2007, España cuenta con una ley de control del comercio exterior de armas, de material de defensa y de doble uso, sin que ello aporte un ápice de transparencia sino más bien opacidad en razón de los compromisos contraídos. Es decir, la materia prima de las guerras, las armas y su comercio, está fuera de todo control parlamentario o limitado en tanto que materia clasificada, el secreto del secreto, y mucho menos del escrutinio de la opinión pública, a la que se impide acceder a toda la información. Bajo el paraguas o manto sagrado de la seguridad nacional reina la más absoluta oscuridad. En ausencia de mayor transparencia, desde la investigación de agencias como Amnistía Internacional, Greenpeace y otras, no desmentidas por el propio Gobierno, se puede afirmar que España mantuvo cifras de exportación de material de defensa, entre 2008 y 2016, en torno a los 25.000 millones de euros.

El ambiente bélico crece, hay toda una superestructura narrativa sobre la guerra de la que forma parte una legión de propagandistas, desde políticos a periodistas, empresarios y, por supuesto, expertos, tertulianos y analistas, que se amparan en el eufemismo de cultura de defensa. El «No a la guerra» se ha quedado en un reducido grupo de activistas por la paz que son, precisamente, las primeras víctimas de la nueva guerra de palabras y voces; ser pacifista se considera hoy blando y antipatriota.

Se dice que la guerra es inevitable, e incluso se oye, siempre desde el sofá no en la trinchera, que es hasta buena. Los reclutamientos forzosos en Ucrania o Rusia se observan con toda pasividad, como que las clases más privilegiadas de países en guerra se exhiban en grandes espectáculos televisados como una competición europea de fútbol o unos Juegos Olímpicos, llenando los palcos y gradas de dolorosa ostentación, mientras sus conciudadanos más menesterosos, militares y civiles, caen masacrados en los frentes o ciudades. Se está normalizando la guerra, se habla de volver al servicio militar obligatorio, a la economía bélica, preparando a la población civil para lo peor o, en todo caso, para justificar más gasto militar que crece cada año de manera exponencial. En lo que se refiere a la preparación de la juventud para la guerra, en Alemania, en donde más vacunados deberían estar, la propia CDU, la Unión Demócrata Cristiana a la que pertenece Ursula von der Leyen, ha propuesto la vuelta gradual al servicio militar obligatorio, eliminado en 2011, como suele ocurrir, adobado por una encuesta que muestra que en torno al 52 por ciento de los encuestados en Alemania, según el instituto de opinión Forsa, está a favor de la reinstauración del servicio militar obligatorio.

En julio de 2024, se produjo la reelección de Von der Leyen, vicepresidenta del CDU alemán, dentro de la familia del Partido Popular Europeo, como presidenta de la Comisión de la Unión Europea, con el voto de conservadores, socialistas y liberales. En su discurso de presentación de su programa de gobierno, la que fuera ministra federal de Defensa con Angela Merkel afirmó que la UE puede elegir invertir en seguridad y defensa. Prometió un nuevo comisario de Defensa, una Unión Europea de la Defensa, un mercado único de Defensa, un Sistema Integral de Defensa Aérea, un Escudo Aéreo Europeo; en realidad, nada nuevo que no tenga amparo en los objetivos de integración política presentes en el Tratado de la Unión Europea, aparcados desde décadas, en lo que se refiere al establecimiento de una política común de seguridad y defensa, la defensa común.

Por supuesto que no dejó al margen la decisión de los estados miembros que están en la OTAN de seguir bajo ese pilar de defensa colectiva. Pero cabe destacar su ardor guerrero, más guerrero con Ucrania, menos con Palestina. Una retórica bélica, manejando la eventualidad de una guerra como preocupación de los más jóvenes, una guerra permanente de desgaste que, claro, cuanto más desgaste, más gasto requiere. En su prédica Von der Leyen no dejó de referirse al gasto bajo e ineficiente europeo en armas, y habló de invertir más, invertir juntos. Invertir mucho en guerra, pero apenas mencionó la paz como objetivo irrenunciable, según declaran solemnemente los principios que justifican la propia existencia de la UE.

El SIPRI, en su informe de abril de 2024, recoge que el gasto mundial en armamento había ascendido en 2023, por noveno año consecutivo, hasta los 2,44 billones de dólares, un incremento de casi el 7 por ciento con respecto al ejercicio anterior. En Europa occidental y central, el gasto en el mismo año era de 407.000 millones de dólares, lo cual significa un crecimiento del 10 por ciento en relación a 2022 y un 43 por ciento si lo comparamos con el año 2014. Military Expenditure Database, también de la misma fuente, sitúa a Estados Unidos como el primer país en gasto mundial en abril de 2024, un 37 por ciento del total, seguido de lejos por China, a la que triplica, con un 12 por ciento. El gasto militar en toda Europa alcanzaba los 588.000 millones de dólares en 2023, un 16 por ciento más que en 2022 y un 62 por ciento más que en 2014. Incluye a Rusia con 109.000 millones de dólares, un 4 por ciento del total mundial. En el conjunto de los treinta y un países pertenecientes a la OTAN, el gasto armamentístico subió hasta 1,34 billones de dólares, el 55 por ciento del total mundial. El mismo informe sitúa a España en los 21.917 millones de euros, un incremento del 42 por ciento en el periodo 2014-2023. Incluye los gastos del Ministerio de Defensa, organismos autónomos y el resto de los ministerios que disponen de créditos de defensa que el Gobierno español no registra en sus cuentas a pesar de las recomendaciones de la OTAN.

La inercia esquiva el control democrático de todo lo que tenga que ver con la guerra y la industria armamentística, y afecta de manera transversal a todas las ideologías convencionales, derecha e izquierda. Pedro Sánchez, tras la firma de un acuerdo entre España y Ucrania para renovar el compromiso con la seguridad y la defensa, declaró que descartaba someter al Congreso de los Diputados el acuerdo bilateral con la explicación de que se trata de un memorándum de entendimiento y no un tratado, estaría bueno. Cuantificando, se estima el acuerdo en algo más de 1.100 millones de euros para la adquisición de material de defensa. En el juego eterno del bipartidismo, la derecha española dijo apoyarlo por lealtad, aun denunciando la falta de control parlamentario, y la izquierda alternativa que no lo apoya, por lo contrario, quedó señalada por falta de lealtad, según el relato de sus detractores.

La trampa, es decir, el mecanismo que ignora el control parlamentario y por consiguiente democrático, consiste en la desviación presupuestaria en lo que se refiere a la ejecución del gasto en defensa, que se sitúa entre el 20 y el 30 por ciento en los últimos ejercicios; algo que no suele ocurrir en gastos en políticas sociales. Esa desviación tan elevada en la ejecución de gastos de defensa no tiene otro objetivo que evitar el control democrático y el escrutinio de la opinión pública. Se trata de una manera de actuar enquistada pero sólida que, como se podía intuir de las afirmaciones de Julián García Vargas, líder del cabildo de defensa, corresponde a un compromiso no escrito de cada Gobierno de turno.

Estas conductas, lejos de mejorar la cultura de defensa, inciden en la incultura, la desconfianza y en el desprecio a las reglas democráticas. Las prácticas continuadas de desviaciones en la ejecución de gastos militares, incluso con presupuestos prorrogados, ni siquiera se dejan intimidar —debe ser la oscuridad perfecta del criptogobierno que permanece por debajo de las siglas de los partidos— por el Tribunal de Cuentas, que ha denunciado con frecuencia el procedimiento, o por el Tribunal Constitucional, que ha llegado a anular créditos presupuestarios aprobados vía decreto.

Un auténtico teatro de sombras que oculta el verdadero compromiso del poder, sin siglas, cuando se trata de obligaciones con la industria militar o que tienen que ver con la seguridad y defensa. Como dato ciertamente curioso pero muy ilustrativo, como una viñeta, a través de la prensa económica se ha conocido que el expresidente del Partido Popular, Pablo Casado, se encuentra en la tarea de hacer rentable un fondo inversor en materia de defensa y ciberseguridad, precisa y casualmente el objetivo marcado por la nueva presidenta de la Comisión Europea, Ursula von der Leyen. Por supuesto que entre los expertos asesores del fondo están desde antiguos miembros de la Administración y embajadores de Estados Unidos a exministros de Defensa y un ex primer ministro y ex secretario general de la OTAN. De la falta de transparencia de la industria militar a la opacidad de los fondos de capital riesgo, previo tránsito por las puertas giratorias, que en este caso bien podrían denominarse puertas explosivas.

No es de extrañar tampoco que, entre demócratas y

republicanos, en el Congreso de Estados Unidos figuren destacados accionistas de las grandes empresas armamentísticas presentes en ambas orillas del Atlántico. Especialmente llamativo es que, en la Comisión del Congreso sobre la Posición Estratégica de Estados Unidos, nueve de sus doce miembros tengan intereses económicos directos en la industria de la guerra. Con respecto a esta comisión, afectada como suele ocurrir por los efectos de las puertas giratorias, la vinculación de sus miembros con la industria y contratistas del negocio de las armas nucleares es una preocupación de carácter mundial. Para inversores puede servir de guía su apuesta estratégica por aumentar las capacidades en inteligencia artificial y guerra espacial. Cualquier foco de tensión, acabe en guerra o no, es bueno para el negocio y excusa para evitar el control democrático. Ucrania produce beneficios para la industria, aunque se oculte tras la épica y las argucias presupuestarias; Israel, del mismo modo, sirve al sector, y su gasto militar aumentó un 24 por ciento en 2023, el segundo de la región después de Arabia Saudí, según el SIPRI, debido a su ofensiva a gran escala en Gaza. Apenas pocos días después, casi en tiempo real, tras los atentados de Hamás en Palestina y la subsiguiente guerra de Gaza, las acciones bursátiles de empresas armamentísticas se lanzaron, en una carrera entusiasta alcista, hasta alcanzar cifras cercanas al 10 por ciento en los mercados mundiales.

Para los europeístas que quedan, si la Unión Europea merece la pena como proyecto de integración política es porque está en condiciones de producir como democracia dividendos de la paz y no dividendos para la gran industria de armamento. Ir a la guerra siempre es un fracaso para la democracia, aunque no para los que se benefician económicamente de ella. Pero, además, toda la trama bélica esconde la reducción de la democracia, la esquiva, dice defenderla, pero la evita. Algo pasa, la guerra no es un secreto, vemos su horror incluso magnificado a veces a través de la propaganda de las partes, como una estrategia comercial. Sin embargo, sus beneficios y sus beneficiarios sí son secretos, están protegidos para que no tengamos acceso a la información y se pueda ejercer una opinión democrática crítica.

10

Qué nos queda

> Reeducar a la gente en el amor a la libertad es más difícil que alcanzarla.
>
> Christian Rakovski

A lo largo de su historia, la democracia siempre tuvo sus enemigos, empezando por la propia Grecia clásica, donde nació. Desde sus orígenes, latía el temor a que el pueblo gobernara: una cosa era afirmar que la democracia era el gobierno del *demos*, de todos, y otra que los pobres se constituyeran en mayoría, mayoría política, porque mayoría natural ya lo eran también entonces; la clase trabajadora, los que viven de su trabajo que, en un sentido mucho más amplio, diríamos hoy.

El gobierno de los pobres era el gobierno de la chusma, según el historiador griego Polibio. Los propios partidarios de la democracia griega admitían frente a sus rivales, los aristócratas, que, en todo caso, el gobierno del *demos* en la práctica no era sino el gobierno de la mayoría. Para el jurista Pericles, considerado primer ciudadano de Atenas, la democracia no era el gobierno de unos pocos, que era lo que defendían los aristócratas —unos pocos que naturalmente serían ellos—, una minoría selecta y especial, sino de la mayoría.

Aristóteles, en *Política*, una de sus obras más importantes, identificó ahí el problema: se lamenta y teme que las decisiones que adopte por mayoría el pueblo puedan llevar a los ricos a la rebelión. Y tanto, de hecho, ese es el momento que estamos viviendo, una auténtica rebelión de los ricos representados por todas las versiones de las derechas a escala mundial. El trumpismo es la manifestación más clara, más mediática, de esa rebelión a la que se han sumado la extrema derecha y una cierta derecha que se frustra cuando no alcanza el poder o lo pierde (no posee la virtud democrática de la paciencia). Estos movimientos a escala mundial no dejan de ser, una vez más, la confirmación del vaticinio, del temor de Aristóteles a la rebelión de los ricos ante el hecho democrático de que el poder político no esté en sus manos. Y está pasando sin que los gobiernos sean de verdad de los pobres ni mucho menos sean consecuencia de la siempre temida democracia directa. Los pobres de entonces, los que hoy en día viven de su trabajo, ya no están en ninguna revolución, se expresan a través de los cauces normales y tranquilos de la democracia liberal representativa. No es de extrañar que una parte fundamental del ideario de esa rebelión que ha llevado a la revolución conservadora consista en no reconocer gobiernos progresistas que representen en cierta medida las reivindicaciones de más igualdad, más justicia social y fiscal, respeto por el medioambiente, salud y educación para todos, empleos y salarios dignos, una vivienda, una vida mejor para los que más lo necesitan. La revolución conservadora ha olvidado y dejado de temer las revoluciones de los que viven de su trabajo, profesión o mediano emprendimiento, para apuntarse y compartir la sagaz reflexión del siempre ventajista canciller prusiano, Otto von Bismarck: «Si tiene que estallar una revolución, mejor que seamos nosotros los revolucionarios y no sus víctimas».

Esa resistencia de las minorías opulentas, ilustradas o

no, siempre ha sido una constante en la historia de la lucha de la mayoría social por alcanzar la democracia y la libertad mediante el gobierno del pueblo. Esa pugna se manifestó de manera muy visible en la Revolución francesa y sus contrarrevoluciones a lo largo del tiempo; una revolución, en principio, de la entonces emergente clase media —sostiene Eric Hobsbawm— que el liberalismo burgués, identificado como tal clase, asumió y estaba dispuesto a mantener viva y dirigir a través de sus programas políticos a condición de estar protegidos, a salvo, decían, de los excesos de los jacobinos. El auxilio de las muchedumbres, en palabras de la burguesía ilustrada, solo se admitía de manera oportunista, al mismo tiempo que se pregonaba y temía su capacidad de descontrol, cuando se trataba de hacer frente a la antes clase dominante, la nobleza aristocrática o los ultramonárquicos.

Era solo una cuestión circunstancial de número y de una más o menos controlada y aceptada violencia, pero que se mancharan ellos. La misma resistencia se dio de manera muy vehemente durante y después de la Revolución de las Trece Colonias en sus tiempos constituyentes. La insurrección frente a la Corona británica se produjo en nombre del pueblo, pero en interés de las minorías que se habían hecho opulentas en las nuevas tierras. En palabras de los propios protagonistas, aquella asociación de intereses consiguió la emancipación del dominio británico; el poder era otra cosa.

James Madison, uno de los padres fundadores, considerado también padre de la Constitución estadounidense, vio como potencial amenaza que con la nueva democracia, una vez librados de la monarquía británica, los pobres, campesinos la mayoría, a los que con el tiempo se añadirían comerciantes e industriales, los *poor whites* —esto se temía— pudieran alcanzar el gobierno frente a los intereses de la minoría de los propietarios terratenientes, en su mayoría esclavistas. La revolución americana que, junto a principios republicanos ilustrados y otras cuestiones más prosaicas, buscó principalmente la emancipación fiscal de la Corona, lo tuvo en cuenta y sus líderes diseñaron de manera preventiva un modelo institucional que reducía la democracia en perjuicio de las clases bajas, entre otras cosas a través de un entramado institucional que favorecía a los ricos.

En aquellos tiempos, la democracia era limitada en cualquier caso. Como en Grecia o Roma, solo votaban y tenían derechos ciudadanos los hombres libres; los esclavos y las mujeres estaban excluidos, y tardaría mucho en llegar el sufragio femenino, la abolición de la esclavitud y la igualdad racial. El Senado, considerado el centro de la nueva democracia, no era como hoy el resultado del voto popular (hubo que esperar una enmienda constitucional en 1913), sino una cámara, digamos, censitaria y aristocrática, elegida entre y por la minoría dominante en cada estado. Esa era la visión de los aristócratas, la que representaba en sus momentos iniciales James Madison.

Thomas Jefferson, que lo antecedió como presidente de Estados Unidos, reflexionaba de una manera distinta, en tanto que se consideraba un demócrata. Al igual que Aristóteles, sostenía que había que dar respuesta a las desigualdades porque crean una inestabilidad social que puede acabar con la democracia. No es menos democracia la solución sino más democracia, es decir, había que reconocer que es el pueblo —«*We the people*», reza la Constitución estadounidense— el cauce de las decisiones democráticas y el titular mayoritario de la acción política contra la creencia de la aristocracia de que el poder debería recaer solo en una clase especial privilegiada.

Pero con todas las prevenciones, la democracia era inevitable. A esa conclusión llegaba un liberal moderado como Alexis de Tocqueville, testigo de las revoluciones burguesas de su tiempo, que había estudiado a fondo la experiencia estadounidense y que, convencido, afirmaba que, para bien o para mal, la democracia no se podía impedir. De hecho, como se suele afirmar y temer, la democracia, aun con altibajos históricos, dispone de una fuerza y fuente inagotable de recursos. Conscientes de esa fuerza, los que temen y no quieren la democracia o la aceptan solo de manera cosmética por irremediable han desarrollado todo un repertorio de estrategias para despojarla de su fuerza nutricia, el pueblo, desde la democracia mínima o jibarizada, las democracias impropias de partido único, las repúblicas coronadas hereditarias o las monarquías absolutas que aún persisten y, desde luego, en casos de amenaza y dirigida por las clases más poderosas, su propia eliminación a través de dictaduras y autoritarismos de todo cuño.

En plena revolución de las derechas, de un cierto predominio del pensamiento conservador, se han ido desarrollando estrategias muy sofisticadas para la reducción o control de la democracia. El objetivo es conseguir que la gente, esa que podría tener el poder, de la que depende en definitiva la democracia, se desengañe, se retire, no participe o abandone y desconfíe de la propia democracia. La conciencia histórica de los poderosos de que el pueblo si quiere puede está en los fundamentos de estas estrategias.

De hecho, la historia está jalonada de acontecimientos políticos, revolucionarios o no, que han demostrado la fuerza del pueblo cuando se erige en protagonista, y que han perfilado lo que hoy consideramos conquistas democráticas sin posibilidad de retroceso. Junto con los valores y consecuencias persistentes de la Revolución francesa, cuyos efectos en nuestra cultura política siguen en pie y no han caducado —véase la reacción republicana contra el auge electoral de las extremas derechas en Francia—, quizá el momento fundacional lo podríamos situar en la Inglaterra del siglo XVII, en la *Bill of Rights* —la Declaración de Derechos de 1689—, de la que beberían luego desde el barón de Montesquieu a Jean-Jacques Rousseau. Se podrá discutir que entonces, en aquella Inglaterra, no fue el pueblo como multitud sino el Parlamento el que tuvo el protagonismo en el momento fundacional de la democracia parlamentaria inglesa. Es cierto, pero los antecedentes populares estaban en el trasunto de aquel movimiento parlamentario que descartó para siempre los poderes de una monarquía que era absoluta y situó el centro de la democracia en la voluntad popular depositada en el Parlamento, elegido por el pueblo sin participación del rey.

Al avance imparable de la democracia, sus enemigos han respondido tratando constantemente de reducirla para impedir que las mayorías contrarias a sus intereses puedan gobernar; una de sus estrategias más exitosas ha consistido en la división y la debilitación de las mayorías naturales. Esa capacidad de división constante se muestra como una condición estructural para que la democracia sea aceptada por los poderosos. Con las sutilezas del avance de la historia, mediante argucias de todo tipo, al pueblo se le recluye, se le empuja a la abstención, separándolo del campo de juego político; a los peor informados se les aburre, pero, por el contrario, a los ricos se les saca de su letargo, se les moviliza y anima para que, aprovechándose de las reglas de la democracia, puedan alcanzar o retener el poder, no porque la comprendan ni acepten, sino porque saben que la democracia siempre vuelve.

En todas las estrategias de los jíbaros está precisamente impedir que la mayoría participe. En la guerra cultural permanente, el relato afirma patriarcalmente que los pobres son ignorantes, están incapacitados, no saben a la hora de votar que su voto no puede tener el mismo valor; se dijo lo mismo de las mujeres y de los esclavos. Es lo que denominan el sufragio universal sin inteligencia. Por fortuna, ya votan las mujeres, no hay esclavos, pero, lamentablemente, persisten los ignorantes. No en el sentido elitista de antaño, sino como resultado del éxito de las estrategias de separación mediante la desinformación y desmovilización del pueblo. A este se le manipula inundándolo de noticias, de forma acumulativa, un montón de noticas o datos, se suele decir, pero son solo las apariencias, una falsa idea de información. Como observó Giovanni Sartori, saber no es lo mismo que estar informado o que tener incluso una opinión que no es otra cosa que un parecer, independientemente del *ethos*, de la personalidad de quien opine. Todo el mundo puede estar informado en tiempo real del número de niños asesinados en Gaza, ilustrado con imágenes atroces, pero al mismo tiempo ignorar absolutamente dónde está Gaza, qué fue la Declaración Balfour y cómo nació el Estado de Israel. Se substituye la narración colectiva, el saber, por la información acumulativa, por la inundación de datos, acompañada por la historiografía de parte que, como escribió Jorge Luis Borges, es una ciencia discontinua.

Ahí estriba el problema que tiene ante sí la democracia: su jibarización. Los enemigos de la democracia, los partidarios de la democracia reducida, se han propuesto como objetivo, singularmente mediante la televisión, excluir cada día a más gente del debate público. A través de los medios de comunicación, en ausencia de un sistema educativo en valores, el fin primordial consiste en desdeñar la formación política de la ciudadanía, interesa que solo sean espectadores; una vez conseguida una ciudadanía como mínimo poco formada, desinformar a los que no tienen formación política para resistirse es fácil, ganar la opinión pública manipulando.

La televisión crea y moldea su propio público y, a la vez, ese público constituido ya en simple espectador gregario acaba dando también un perfil a su imagen a la televisión y ambos se constituyen y retroalimentan como campo político reducido y manipulable. Siguiendo con Sartori, el resultado es una auténtica atrofia del pensamiento crítico ya que el *Homo sapiens* es substituido por el *Homo videns*, aquel que sabe por quien ve, al que solo llegan imágenes y que, recluido en la pasividad de su sofá, ha perdido la capacidad de abstracción, de pensar. Ya no lee, solo ve. Se domestica ante una sucesión de imágenes que lo entretiene, pero lo sitúa en una falsa realidad. No es solo un problema de educación, personas con carreras universitarias, especialistas en algo, pueden estar absolutamente maleducados en política, como se puede notar en la televisión presentada como espontánea a pie de calle, con pretensiones de periodismo ciudadano, elevada a oráculo del pueblo, o en tertulias y debates. Al poder no le interesa educar para pensar, en todo caso crear fans («fan» viene de «fanático»), y en esa su tarea han encontrado nuevos aliados. A los señores de la guerra de tiempos violentos, aún frecuentes en algunas zonas del planeta, visibles o travestidos, en guerras presentes o en las siempre latentes, se han sumado los señores de la comunicación, sean empresarios —los antes conocidos como dueños de la tinta— o periodistas de postín. Son los Wagner de la comunicación.

La reacción de amplias capas de la población habita en la decepción y desconfianza en la democracia representativa, a la que a veces, en la persona de sus representantes electos, acusan de complicidad con los poderosos. De ahí que crezca la exigencia de más democracia directa con fórmulas imaginativas y novedosas de participación a todas las escalas, y otras más antiguas como los referéndums y consultas ciudadanas, como también se está abriendo paso la exigencia de fórmulas para la revocación de cargos públicos que permitan la evaluación y rendición de cuentas constante, no de año en año electoral, y la posibilidad de retirar la confianza política a los electos, extendida a todas las instituciones y poderes, incluido el judicial. La democracia representativa, no obstante, se ha impuesto a la directa, eso es cierto. La razón del tamaño esgrimida en contra de la democracia directa por su impracticabilidad, paradójicamente, es también la esgrimida por los jíbaros para controlar la democracia representativa: reducirla. Demasiado grandes para la democracia directa, demasiado grandes también para la representativa. Así pues, el objetivo, en uno como en otro caso, es hacerla impracticable, disminuir las ventanas de participación; se trata de votar poco, una vez cada cuatro o cinco años, y dejar luego a los representantes el peso de gestionar sin cortapisas ni control la libertad y los intereses de todos.

Sin embargo, las respuestas de las nuevas formas de democracia obvian el tamaño y surgen ideas viables gracias a las nuevas tecnologías, las cuales representan una posibilidad que merece la pena explorar. Aún más, una de las maneras de contraponerse a la aristocracia política, la nobleza de partido, el liberalismo burgués de siempre y el de nuevo cuño, con frecuencia agazapado bajo siglas de izquierda, consiste precisamente en redimensionar el campo de acción. Desde luego, romper el cascarón, salir al campo de juego político, dejar el sofá y ponerse de pie. Movimientos recientes han mostrado su rechazo al individualismo sedente como valor, un diagnóstico que asegura que sostener lo contrario sería tanto como reconocer el triunfo de los aristócratas de nuevo cuño. La reconfiguración de una democracia resistente ha encontrado en el tamaño de manera insospechada su propia capacidad de resistir. Democracia a escala de comunidad, participativa, democracia cercana, en organizaciones de proximidad, incluida la potenciación y vertebración de medios de comunicación locales; construir de nuevo desde abajo, con cimientos sólidos, un municipalismo activo, una versión extrema institucional del principio de subsidiariedad, es decir, actuar lo más cerca posible de la gente. Muy a pesar de las ventajas de la integración política paneuropea, nos sirve como ejemplo de lo contrario la Unión Europea, donde se constata una pérdida de democracia, de participación, de desafección, de control democrático, a medida que se sube en la escala del poder institucional.

Europa para el pueblo, pero sin el pueblo, una suerte de despotismo europeo ilustrado. La abstención en los comicios europeos es hoy muestra preocupante de ese distanciamiento con las instituciones comunitarias por parte de la ciudadanía.

A la estrategia de individualización y aislamiento se enfrenta una respuesta que pone en primer plano los valores colectivos. Ninguna sociedad se construye desde el individualismo en donde cada uno celebra su misa y es su propio sacerdote, en palabras del filósofo Byung-Chul Han; en todo caso conduce a un cierto narcisismo, complacencia en uno mismo. La respuesta a ese individualismo disgregador, del que presumen algunos con plumas de pavo real, está siendo la búsqueda defensiva de comunidad, de actitudes colectivas. No es de extrañar que desde los enemigos de la democracia se fomente la desaparición o desprestigio de partidos políticos y sindicatos, su disgregación permanente en clubes y camarillas orgánicas, o toda organización cívica permanente o espontánea que cultive valores colectivos.

A la estrategia de incapacitación, es decir, la que persigue la exclusión negando la preparación del pueblo al que previamente se ha sometido a un desencanto que lleva a la indiferencia, la respuesta no puede ser otra que la capacitación, educación, formación y recuperación del pensamiento y más aún del pensamiento crítico. Decíamos más arriba que uno de los éxitos, en particular de la televisión, ha sido convertir a sus espectadores en sujetos pasivos de la política, o algo peor, en sujetos ajenos a la política, a no confundir con los que de manera taimada se presentan como apolíticos. Si la ciudadanía sentada en su sofá ha perdido su capacidad de abstracción, de pensar, de analizar, de ser dueña y señora de su propia racionalidad política, no debe extrañar que levantarse del sofá se considere un acto revolucionario. Permanecer sentado es someterse al triunfo total de los enemigos de la democracia porque una ciudadanía pasiva ya no se activa y pierde la capacidad de distinguir entre lo verdadero y lo falso.

Como se puede observar, lograda la pasividad, la mentira entra fácil, se adueña, reina en el debate político, intoxica las legítimas diferencias de ideas y proyectos, empobrece y degenera el lenguaje público, la palabra, imprescindible para ser libres. No es nuevo, volviendo a la Revolución francesa, François Babeuf, periodista revolucionario, afirmaba haber visto en todos los tiempos batallar por el dominio de la opinión pública. La mentira viaja con los gastos pagados —dejó escrito—; por el contrario, la verdad se tiene que abrir paso a pie, casa por casa, ciudadano a ciudadano. Naturalmente que hoy el progreso de la ciencia, de la civilización, es evidente, pero las argucias siguen siendo las mismas. Cuando Babeuf publicaba sus reflexiones tenía solo papel, no se había inventado la televisión ni tenía a su alcance la parte revolucionaria de la red. Pasados más de dos siglos, se puede constatar, a pesar de los nuevos medios de información, gracias a la manipulación informativa, el retroceso de la ciudadanía en capacidad de entender y, por tanto, de saber.

En España, considerando la insuficiente cultura y práctica democrática muy a descompás con sus vecinos europeos, la llegada de la democracia y su Constitución supuso un avance indudable. Pero, admitiendo dichos avances, la debilidad de la democracia ya venía entreverada de un tiempo pretérito que dejó ataduras y anclajes con el pasado, las de las distintas restauraciones y los permanentes poderes ocultos. Podríamos admitir que las estructuras profundas antidemocráticas, críticas con el nuevo tiempo, estaban muy bien ancladas, pero existía una cierta confianza en que los partidos, en particular los que han tenido mayorías absolutas, nos harían avanzar en la práctica inagotable de las ideas en el sentido más democrático del término; sin embargo, los avances han sido limitados, más aún cuando se consideran las mayorías democráticas de las que han dispuesto los partidos de izquierda, muy en concreto el PSOE. De las mayorías absolutas de la derecha poco se podía esperar excepto contención, riendas cortas y cambios hacia atrás, temor a la democracia, pero de la izquierda se esperaba mucho más.

De hecho, a estas alturas, cincuenta años después del final de la dictadura, aún se discute si España es una democracia plena, defectiva, fatigada, madura o no. Además, España, por otra parte, en lo que a su Constitución territorial se refiere, no ha podido avanzar y superar el síndrome prusiano, es decir, el valor plus concedido, por vías constitucionales o no, incluidas las electorales y las transaccionales de cada coyuntura política, a los dos territorios denominados históricos. En realidad, de la lectura del texto constitucional se puede deducir que lo que tenían en la cabeza los constituyentes era un Estado asimétrico. No es de extrañar, por muy paradójico que parezca, que, en la insistente demanda por sectores demócratas de una España plural en todos los sentidos, las reticencias más notables a la federalización del Estado hayan procedido precisamente de las comunidades de aires prusianos que han vivido cómodas en la *realpolitik* que representa el bipartidismo ortopédico, el cual les ha permitido mandar y concentrar poder económico en sus territorios pero también desplegarse muy mucho en el centro del poder político y económico-financiero del Estado.

Metafóricamente y no, se puede afirmar que la democracia económica se ha orquestado entre un puente aéreo y un palco. La fotografía de Josep Antoni Duran i Lleida, líder de Unió Democrática de Cataluña, alojado a todo lujo en el hotel Palace de Madrid es la imagen privilegiada, a manera de blocao portátil, en una atalaya vigilante de lo que ocurre a apenas unos metros en el Congreso de los Diputados. Max Weber, jurista prusiano, crítico de manera muy bien fundamentada de estas prácticas de organización territorial, concedió, después de denunciar y combatir el «privilegio prusiano», que, como mínimo, si no mandar directamente, a las claras, Prusia tenía el poder del desempate. En su catálogo de soluciones para llegar a un sano federalismo, apuntó «que el legítimo influjo de los estados federados no prusianos sobre la política del Reich tiene que fortalecerse». Sin embargo, él mismo advertiría que tropezarían con la «barrera mecánica».

La respuesta a la prusianización de facto en España nunca ha sido la extensión federal, como hizo Alemania para eliminar aquellos privilegios constitucionales de Prusia, sino la creación de un ente políticamente contrahecho, Madrid, fortaleciendo un centralismo no previsto en la Constitución. Capital del Estado y capital del capitalismo que vive a la sombra de la concentración, el centro concentra. Hay una relación entre la capital y el capital, sostiene Pierre Bourdieu. La idea es la de un contrapeso fuerte frente a una, en todo caso, insuficiente descentralización, un falso equilibro frente a las presiones periféricas.

Esas tensiones entre la periferia prusiana y la concentración centralista en Madrid han tenido como consecuencia la radialidad, también de la política y los partidos, y el sucursalismo en los territorios no prusianos con respecto a sus matrices radicadas en Madrid, lo cual está ahondando en una grave desvertebración de la España plural. Los desequilibrios territoriales, sus distorsiones y disfunciones, reales o imaginarias, son en la actualidad uno de los mayores focos de desafección democrática, de desconfianza, crisis orgánicas y un gran semillero de chovinismo nacionalista en las capas más integristas, peor formadas y desinformadas que acaba inexorablemente en manos del extremismo de derechas.

En otro plano, la estrategia de contención de la democracia se manifiesta en esa revolución mundial de las derechas en dos frentes: el judicial y el de los medios de comunicación, sean los clásicos o a través de las nuevas tecnologías, de las redes sociales. En Estados Unidos, el presidente del poder ejecutivo, Joe Biden, antes del final de su mandato anunció la intención de una enmienda constitucional que afecta al Tribunal Supremo. La medida es grave, aunque sin apenas posibilidades de prosperar dadas las mayorías disponibles, pero es un diagnóstico correcto que acierta en la identificación del problema, a saber: la injerencia política e ideológica de los jueces a escala global. La enmienda constitucional propone la limitación de los mandatos de los jueces del Tribunal Supremo, hoy vitalicios, y la elaboración de un código de conducta de los jueces para evitar su intromisión en la política. El detonante de la iniciativa fue la inmunidad concedida al expresidente Donald Trump por el alto tribunal. Conscientes de la dificultad de que prospere una enmienda constitucional, la mayoría demócrata en el Senado inició un procedimiento legislativo, la *No Kings Act*, con el aviso claro al Tribunal Supremo de que no tiene competencias para determinar o no si el presidente o vicepresidente son inmunes en tanto que esa prerrogativa corresponde en exclusiva, constitucionalmente, al Congreso, el poder legislativo. De paso, así de sugerente es el título de la iniciativa legislativa, los proponentes advertían que en Estados Unidos no hay rey, no hay inviolabilidad ni sacralidad regia. Son los vientos que corren amenazantes contra la democracia y su fundamento, la separación de poderes. La juristocracia campea allí donde el dominio de los poderosos se ve en riesgo.

En el campo de la guerra mediática, en este caso en una de las redes sociales más relevantes, la voracidad por su control es patente. Elon Musk se hizo con Twitter, hoy X. Lo que podía parecer en principio una compra más en la batalla por la supremacía y control capitalista, económico, se ha revelado como una operación que trata de convertir a su protagonista, Elon Musk, en actor político, apoyado en su red social, en la guerra global de la revolución de las derechas.

El mensaje es Musk mismo que, después de presentarse como paladín de la libertad de expresión sin censuras, se ha convertido, presumiendo de ello, en un aliado de la xenofobia, el racismo, el negacionismo, el antisemitismo, el odio y la violencia real o simbólica, en un potente brazo de la internacional del cibergolpismo. Pongamos el caso del Reino Unido: frente a los poderes democráticos tradicionales, en este caso el Gobierno laborista progresista, Elon Musk se erigió, investido de un protagonismo ilegítimo, como actor en nombre de una falsa libertad de expresión del lado de las extremas derechas, movilizadas en las calles contra la inmigración.

La afirmación de que un conflicto civil era inevitable en el Reino Unido supuso una provocación desestabilizadora, causó alarma e indignación en el primer ministro laborista Keir Starmer. La actitud ilegítima de Musk no deja de ser una acción crítica que zarandea los cimientos de la democracia entendida como la expresión de la mayoría, aprovechando su control de un medio concreto. Por otra parte, en todas las batallas del momento, Gaza, Ucrania, Venezuela o en las represiones contra la libertad de expresión en Turquía, Arabia Saudí, su papel es voluble, va del histrionismo al enfrentamiento narcisista con los autócratas, y ello después de haberse conocido sus alianzas y cesiones a líderes autoritarios mundiales contra la libertad de expresión para beneficiar económicamente a sus empresas. Su acomodación a sus propios intereses se confirma.

Según su conveniencia, Musk afirma ahora la relatividad del derecho a la información libre para añadir que dicha libertad, antes pregonada, debe interpretarse «ciñéndose a la legislación de cada país». Su protagonismo utilizando su propia empresa es una muestra de las nuevas formas del poder caracterizadas por la ilegitimidad, la intimidación y el matonismo que requiere respuestas institucionales firmes como ha ocurrido, de momento tímidamente, por parte de la Unión Europea y más decididamente por parte de las instituciones democráticas brasileñas ante la negativa de Musk a cumplir las sentencias del poder judicial. Como consecuencia de una iniciativa legal para combatir la mentira y la manipulación en las redes sociales, Musk calificó al Gobierno democrático de Australia de fascista.

Las estrategias de reducción de la democracia son patentes, la desactivación política, la búsqueda de la pasividad ciudadana y la indiferencia, el auge de los movimientos antidemocráticos están teniendo respuestas aunque no generalizadas. Dos casos podrían ejemplificar la resistencia: el frente republicano francés y el activismo de un barrio obrero y pluricultural londinense, Walthamstow.

La resistencia en Francia ante el avance de la extrema derecha por parte de la mayoría republicana —ni siquiera solo de izquierdas sino más bien de una comunidad democrática ciudadana, heredera tal vez de una cierta clase de jacobinismo— es un buen ejemplo. Ello a pesar de la decepción constante de las clases trabajadoras frente a los partidos y dirigentes de izquierda, centro y derecha moderada en Francia y que, al menos, desde 1992, se había manifestado en el alejamiento de las urnas, visible en una abstención muy relevante. La vuelta a la política, sobre todo en los *banlieues*, las periferias marginadas urbanas, ha sido decisiva para contener la llegada al poder del fascismo, aun reconociendo el ascenso de la extrema derecha. Sin duda, el declive y difuminación de la izquierda tradicional en Francia y la emergencia política del macronismo —procedente del desmoronamiento de esa izquierda—, que dio juego y cuartel a la extrema derecha, confundiéndose con ella, tuvieron mucho que ver con el desencanto y consecuente repliegue de las clases trabajadoras del escenario electoral. Reactivación y movilización son las palabras clave en la línea de recuperación de la democracia de todos golpeada por la estrategia reduccionista. Ha sido el peligro sentido y la conciencia que retiene el pueblo, no el trabajo concienzudo de las fuerzas políticas, sumidas en un letargo suicida, que solo improvisaron por la urgencia orgánica partidista del momento electoral.

Otro caso contemporáneo de resistencia lo representa el barrio multicultural de Walthamstow, en Londres, que se movilizó tomando la calle, exhibiendo músculo cívico frente a la ocupación de la extrema derecha dirigida en busca de la desestabilización y el enfrentamiento civil con la excusa de la inmigración. ¿Cuándo y en qué momento se desestabiliza? Cuando ganó por mayoría abrumadora un Gobierno cercano al pueblo. Los miles de ciudadanos de este barrio y otros muchos barrios y ciudades medias han sido una barrera mucho más eficaz que las medidas que anunció el Gobierno laborista del Reino Unido.

Estar en la calle, la fiesta es otra cosa, no de paseo coreografiado con un preludio de tambores. La calle, la manifestación, un modo de acción política legítimo. Como señala el sociólogo francés Patrick Champagne, es fruto de una larga lucha democrática; al menos, en el continente europeo, en la Francia de mitad del siglo XIX, en 1848, se puede ya hablar propiamente de manifestaciones políticas en los términos sugeridos. El pueblo, sus distintas organizaciones cívicas, de manera pacífica y organizada, se echó a las calles para expresar su apoyo al Gobierno provisional republicano, amenazado por la reacción burguesa. Una manera entonces novedosa de expresión política —hoy derecho constitucional generalizado— que, según los historiadores, quedó anclada ya en los derechos de la ciudadanía a primeros del siglo XX, cuando una serie de manifestaciones en toda Europa, a favor de un anarquista español, Francesc Ferrer i Guardia, marcaron para siempre la impronta de tales acciones. Mientras que los sectores conservadores de entonces discutían esos derechos por sus temores a la agitación popular, hoy, sin embargo, las derechas se tiran igualmente a la calle, y la ocupación de ese espacio simbólico forma parte de la acción política conservadora. En España, marcó la importancia de esta toma de la calle por parte de la derecha el otras veces citado Manuel Fraga; en 1976, entonces ministro de Gobernación de la monarquía preconstitucional de Juan Carlos y vicepresidente en el Gobierno de Carlos Arias Navarro, se atrevió a pronunciar una frase para la posteridad que refleja su historia represiva pero también los inicios del cambio en la mentalidad de los revolucionarios de derechas: «La calle es mía».

Son algunas respuestas, pero ¿es consciente el pueblo de que se le aparta de la democracia, de que se pretende que sobre? ¿Es consciente de su poder? De la respuesta positiva depende, una vez puestas sobre la mesa las distintas estrategias de exclusión, el avanzar o no en una democracia que permita recibir ese nombre. Después de tal diagnóstico, dependerá del pueblo y de las organizaciones políticas dispuestas a reconocer lo que pasa el ejercicio de su poder.

William Shakespeare, autor político que revivió en su obra, prudente, pero con rebeldía, las atrocidades contra el pueblo de un poder insaciable, nos retrata en *Macbeth*: «Ay, pobre patria. Apenas se conoce a sí misma. No puede llamarse nuestra madre sino nuestra tumba: donde nada sonríe sino el que nada sabe; donde los lamentos, los gemidos y los gritos que desgarran los aires pasan inadvertidos; donde los dolores más violentos se tienen por emociones vulgares».

Como Alexis de Tocqueville, dos siglos después, Shakespeare estaba convencido de que el pueblo llano acabaría, cuando decidiera actuar, con los enemigos de la libertad. Habrá convulsiones, tiempos oscuros, pero los temores de los aristócratas y sus herederos están fundados; el pueblo manda, y en sus manos, de la gente humilde y digna, está recuperar la mejor democracia que por todas partes pretenden hurtarnos.

Como Norberto Bobbio, me considero un sano pesimista que mantiene intacta la ilusión y la pasión. Pero no es cuestión de un autochequeo ni de automedicarnos, lo cual no impide un saludable ejercicio de autocrítica. Sin embargo, la respuesta no es un individualismo crítico, sino construir vías colectivas y organizadas porque el riesgo de perder la democracia siempre está presente, se vistan sus enemigos de Armani, toga o camuflaje bélico. En cualquier caso, como insisten los clásicos, en todos los tiempos la respuesta es más pueblo, más democracia. Estar en esa lucha siempre merecerá la pena.